英语教学研究与实践

肖 玲　郑苏英　石丹丹　著

延边大学出版社

图书在版编目（CIP）数据

英语教学研究与实践 / 肖玲，郑苏英，石丹丹著
. -- 延吉：延边大学出版社，2022.8
ISBN 978-7-230-03768-6

Ⅰ.①英… Ⅱ.①肖… ②郑… ③石… Ⅲ.①英语—教学研究 Ⅳ.①H319.3

中国版本图书馆CIP数据核字(2022)第158401号

英语教学研究与实践

著　　者：肖　玲　郑苏英　石丹丹
责任编辑：乔双莹
封面设计：李金艳
出版发行：延边大学出版社
社　　址：吉林省延吉市公园路977号　　邮　　编：133002
网　　址：http://www.ydcbs.com　　E-mail：ydcbs@ydcbs.com
电　　话：0433-2732435　　传　　真：0433-2732434
印　　刷：英格拉姆印刷(固安)有限公司
开　　本：710×1000　1/16
印　　张：13
字　　数：200 千字
版　　次：2022 年 8 月 第 1 版
印　　次：2023 年 1 月 第 1 次印刷
书　　号：ISBN 978-7-230-03768-6

定价：68.00元

前　言

随着世界经济全球化的深入，我国对英语人才培养提出了新要求。大学英语教学在为社会培养优秀英语人才中发挥着重要作用。社会对大学英语教学的要求不断提高，相应地也对英语教师提出了更高的要求。因此，大学英语教师需要不断提高自己的英语教学水平。

本书对英语教学的理论和实践进行了研究，共分八章。第一章对大学英语教学进行了概述；第二、三、四、五、六章分别对词汇、语法、听力、口语、阅读等的教学理论与实践进行了研究；第七章对英语文化教学进行了研究；第八章简要论述了英语网络教学理论与实践。

由于笔者水平有限，书中所涉及的内容难免有疏漏，希望各位读者多提宝贵意见，以便笔者进一步修改本书，使之更加完善。

笔者

2022 年 5 月

目 录

第一章 英语教学理论概述 ... 1

第一节 英语教学概述 ... 1
第二节 英语教学现状及其影响因素 ... 11
第三节 英语教学方法分析 ... 24

第二章 英语词汇教学理论与实践 ... 38

第一节 英语词汇教学的主要内容和存在的问题 ... 38
第二节 英语词汇教学的原则 ... 41
第三节 英语词汇教学的研究 ... 47

第三章 英语语法教学理论与实践 ... 65

第一节 英语语法教学概述 ... 65
第二节 英语语法教学的原则 ... 72
第三节 英语语法教学的研究 ... 75

第四章 英语听力教学理论与实践 ... 81

第一节 英语听力教学的内容和目标 ... 81
第二节 英语听力教学的原则 ... 84
第三节 英语听力教学的研究 ... 86

第五章　英语口语教学理论与实践 ... 95

第一节　英语口语教学概述 ... 95

第二节　英语口语教学的原则 ... 101

第三节　英语口语教学的研究 ... 103

第六章　英语阅读教学理论与实践 ... 119

第一节　阅读与英语阅读教学概述 ... 119

第二节　英语阅读教学的原则 ... 126

第三节　英语阅读教学的研究 ... 129

第七章　英语文化教学理论与实践 ... 140

第一节　英语文化教学简述 ... 140

第二节　英语文化教学的内容与目标 ... 145

第三节　英语文化教学的原则与方法 ... 156

第八章　英语网络教学理论与实践 ... 164

第一节　英语网络教学的现状 ... 164

第二节　英语网络教学的理论基础 ... 174

第三节　英语网络教学的模式 ... 188

参考文献 ... 198

第一章 英语教学理论概述

第一节 英语教学概述

一、英语教学的性质和目标

英语教学是语言教学的重要组成部分，是教师采用适当的教学手段，来改善教学效果、提高教学质量、达到教学目的的教育过程。

英语教学是我国基础教育的一个有机组成部分，英语课程是学生必修的一门基础课程。英语教学是以外语教学理论为指导，以英语语言知识与应用技能、跨文化交际和学习策略为主要内容，集多种教学模式和教学手段为一体的教学体系。

英语教学的目标是培养学生的英语综合应用能力，特别是听说能力，使他们在今后的学习、工作和社会交往中能用英语有效地进行交际，同时使其增强自主学习能力，提高综合文化素养，以适应我国社会发展和国际交流的需要。

二、英语教学的理论基础

在英语教学中，教师采用的教学手段都是建立在一定的理论基础上的。因此，在英语教学中，教师需要掌握语言本质理论、语言学习理论等相关理论。

（一）语言本质理论

关于语言本质理论，不同的学者从不同的角度对其进行了分析和探讨，并且提出了不同的观点。下面从转换生成语法理论、言语行为理论、系统功能理论三大理论出发做重点论述。

1.转换生成语法理论

20世纪50年代，艾弗拉姆·诺姆·乔姆斯基（Avram Noam Chomsky）提出转换生成语法，对语言学进行了深层次的研究，尤其是对句法结构的研究。乔姆斯基认为语言是人类特有的一种先天机制，他认为不仅应该研究语言行为，而且应该研究语言能力，转换生成语法就是关于语言能力的理论。

在转换生成语法中，转换是句子派生过程中某一个特定阶段必须使用的手段。在使用中，深层结构属于输入手段，表层结构属于输出手段，而且具备相同深层结构的句子关系非常密切。总体来说，转换生成语法具备化简单为复杂、化复杂为简单的双重能力，教师与学生可以借鉴这一理论，从而推进教师的教与学生的学。

2.言语行为理论

在语用学研究中，言语行为理论是其核心理论之一，尤其是奥斯汀（John Langshaw Austin）与约翰·塞尔（John. R. Searle）的研究，对言语行为理论的形成与发展意义巨大。在奥斯汀之前的实证哲学家都认为，句子只能用于对某种情况、某种事实加以描述与陈述，只适用于正确或错误的价值。但是言语行为理论明确指出话语在现实中有着行事的能力，其不仅强调发话人的主体作用，也强调受话人的反应，因此其在大学英语教学中有着重要意义。对于教师而言，言语行为理论的核心在于以言行事或以言成事，强调的是语言应该用于具体的实践中，语言研究的重点应该在语言运用上，而不应该在语言形式或句法关系上。这一理论为大学英语教学注入了新活力,给予了教师一些教育方法方面的启示。

3. 系统功能理论

系统功能语言学为英国著名的语言学家韩礼德(M.A.K. Halliday)创立。系统功能语言学不仅研究语言的性质、语言过程和语言的共同特点等根本性问题,而且探讨语言学的应用问题。以韩礼德为代表的系统功能理论不仅讨论了语言在社会生活中的各个外部功能,还着眼于语言的内部结构,并将社会因素考虑在内,这体现了语言的本质。将系统功能的三大功能运用于大学英语教学中,有助于调动学生的兴趣和积极性,使学生能够从"要我学"转向"我要学",从而不断提升学生的听、说、读、写、译能力,使学生更适应社会的需要。

(二)语言学习理论

教学策略与手段的诞生都离不开语言学习理论的指导。也就是说,教师对语言学习理论的认识直接影响着教学策略与手段的形成与选择。下面就对如下几种语言学习理论展开具体分析与论述。

1. 二语习得理论

二语习得理论形成于 20 世纪六七十年代,主要对二语习得的过程与本质进行研究,描述学生如何对第二语言进行获取与解释。对于这一理论的研究,学者斯蒂芬·克拉申(Stephen D. Krashen)做出了巨大贡献,并提出了五大假说,即语言习得与学习假说、自然顺序假说、监控假说、语言输入假说和情感过滤假说。二语习得理论与大学英语教学都涉及新语言的产生与该语言能力发展中的一系列问题,因此二语习得理论与大学英语教学有着相通之处。二语习得理论的介入能够对大学英语教学过程加以引导,从而帮助教师改革大学英语教学方法,提高大学英语教学质量。

2.语言输出理论

语言输出假说的提出源于20世纪70年代在加拿大推行的法语沉浸式教学。在沉浸式教学中，法语是教学语言，学生可以得到十分丰富的可理解性输入。但研究发现，以英语为母语的沉浸班学生的听力和阅读理解能力与以法语为母语的学生相当，他们的口语和写作能力却远不及后者。斯温（Merrill Swain）认为，产生这一现象主要是因为沉浸班的学生缺乏语言输出的练习，语言学习仅仅停留在信息理解的程度上，不能最大限度地运用他们的语言资源，充分发挥语言能力，提高语言输出的可理解性和准确性。因此，在语言学习中，学生不仅需要接触大量的可理解性输入，也需要大量的语言输出，以提高语言表达的流利性、准确性和得体性。

3.人本主义学习理论

人本主义心理学是在批判行为主义心理学和精神分析心理学的基础上发展起来的，被称作心理学的"第三种势力"。它兴起于20世纪60年代，代表人物有美国心理学家亚伯拉罕·马斯洛（Abraham H. Maslow）和卡尔·罗杰斯（Carl Ransom Rogers）。人本主义学习理论注重人的独特性、自由、理性、发展潜能，认为人的行为主要受自我意识的支配，要想充分了解人的行为，就必须认识到人们都有一种指向个人成长的基本需要。英语教育本身具有特殊性，在英语教育的过程中，教师要始终以学生为中心，贯彻人本主义思想。正如罗杰斯所说，促进学生学习的关键并不在于教师的专业知识、教学技巧等，而在于教师与学生之间特定的心理气氛因素。

三、英语教学的原则

英语教学的原则主要包括三个方面的内容，分别是交际性原则、以学生为中心原则、兴趣性原则。

（一）交际性原则

语言是交际的工具，人们学习语言的最终目的是交际。

在英语教学的过程中，教师要认真贯彻交际性原则，使学生将学到的英语知识运用到交际实践中，从而提高学生的交际能力。要想达到这一目的，英语教师在日常的教学中需从认识课程本质、设计情境、精讲多练等三方面着手。

1.认识课程本质

英语既是一门知识课程，又是一门技能培养型课程，对于学生而言，技能的培养更为重要。大学英语的教学目标是使学生在今后的学习、工作和社会交往中能用英语有效地进行交际。因此，教师必须认清英语这门课程的本质，从而对学生进行有针对性的教育，进而提高学生的英语交际技能。

2.设计情境

交际需要在一定的语言环境中进行，交际性原则要求为学生的英语交际创造适当的情境。情境应与学生的生活实际紧密相连，以激发学生的学习兴趣，进而为学生英语学习能力的提高提供有力的帮助。

3.精讲多练

教学活动主要由两部分构成：一是教师的教；二是学生的学。高校学生往往已经具备了一定的英语知识，因此教师在教的过程中要进行有针对性的教学。此外，教师还要指导学生进行必要的实践，使学生在实践过程中逐步提高英语交际能力。

（二）以学生为中心原则

学生是教学活动的主体。在教学过程中，只有坚持学生的主体地位，才能更好地激发学生的学习兴趣，从而提高教学质量。英语教学中所强调的以学生为中心原则，主要指在教学过程中，教师要从学生的实际情况出发，设计、组织英语教学活动，从而提高学生的英语学习能力和交际能力。要做到以学生为中心，教师需要从三个方面着手：教材分析、备课、教学方法和教学手段。

1. 教材分析

英语教师要认真地分析教材，在充分理解与把握教材内容的基础上，根据自身的教学经验和学生的实际情况，确定学生的学习目标与学习任务。

2. 备课

备课是教学活动的重要组成部分，只有备好课，才能上好课。具体来说，教师在备课过程中，要考虑到学生的学习水平、接受能力、学习态度等，并以此来设计教学实践活动，从而提高教学效率和质量。

3. 教学方法和教学手段

不同的教学方法和教学手段具有不同的作用。在英语教学过程中，教师可采取适当的教学方法与教学手段，为学生的英语学习提供有力的支持。英语教学中常用的教学方法和教学手段有讲授法、讨论法、直观演示法、练习法、任务驱动法等。

（三）兴趣性原则

兴趣是最好的老师。鉴于此，在英语教学中，教师要遵循兴趣性原则，激发和培养学生学习英语的兴趣。为了有效激发和培养学生的学习兴趣，教师要注意以下三点：尊重和了解学生、防止死记硬背、增强师生交流。

1.尊重和了解学生

学生是学习活动的主体，是整个教学活动的重要参与者。因此，在英语教学中，教师应尊重和了解学生的兴趣、爱好和学习心理等，根据学生的需求合理组织教学活动，以充分发挥学生的主体作用，激发学生的学习兴趣。

2.防止死记硬背

在英语教学中，教师应避免采取死记硬背的教学方法，在合理设计教学活动的基础上，尽量为学生创设真实的情境，使学生提高英语综合应用能力。

3.增强师生交流

增强师生交流也是兴趣性原则的重要内容。相关实践表明，学生对课程的喜爱程度与教师的个人魅力有着密切的关系。富有学识、性格开朗的教师往往受学生们的喜爱，学生也会因为教师的缘故而喜欢其所教授的课程。所以，教师在英语教学活动中要增进与学生的交流，在尊重、了解学生的基础上，与学生建立良好的关系，以激发学生的学习兴趣，提高学生学习英语的积极性与主动性。

四、英语教学的要求

我国各地区、各校之间情况差异较大，英语教学应贯彻分类指导、因材施教的原则，以适应个性化教学的实际需要。下面以大学英语教学为例，对英语教学的要求进行分析。

大学阶段的英语教学要求分为三个层次，即一般要求、较高要求和更高要求。一般要求是高校非英语专业本科毕业生应达到的基本要求。较高要求或更高要求是有条件的学校根据自己的办学定位、类型和人才培养目标所选择的标准。各高校应根据本校实际情况确定教学目标，并创造条件，使那些英语起点水平较高、学有余力的学生能够达到较高要求或更高要求。

（一）一般要求

1. 听力理解能力

要求学生：能听懂英语授课，能听懂日常英语谈话和一般性题材的讲座，能听懂语速较慢（每分钟130~150词）的英语广播和电视节目，能掌握其中心大意并抓住要点，能运用基本的听力技巧。

2. 口语表达能力

要求学生：能在学习过程中用英语交流，并能就某一主题进行讨论，能就日常话题用英语进行交谈，能经准备后就所熟悉的话题作简短发言，表达比较清楚，语音、语调基本正确，能在交谈中使用基本的会话策略。

3. 阅读理解能力

要求学生：能基本读懂一般性题材的英文文章，阅读速度达到每分钟70词；在快速阅读篇幅较长、难度略低的材料时，阅读速度达到每分钟100词；能就阅读材料进行略读和查读；能借助词典阅读本专业的英语教材和题材熟悉的英文报刊文章，掌握中心大意，理解主要事实和有关细节；能读懂工作、生活中常见的应用文体的材料；能在阅读中使用有效的阅读方法。

4. 书面表达能力

要求学生：能完成一般性写作任务；能描述个人经历、观感、情感和发生的事件等；能写常见的应用文；能在半小时内就一般性话题或提纲写出不少于120词的短文，内容基本完整，中心思想明确，用词恰当，语意连贯；能掌握基本的写作技能。

5. 翻译能力

要求学生：能借助词典对题材熟悉的文章进行英汉互译，英汉译速为每小时约 300 个英语单词，汉英译速为每小时约 250 个汉字，译文基本准确，无重大的理解和语言表达错误。

6.推荐词汇量

要求学生：掌握的词汇量应达到约 4 780 个单词和 700 个词组（含中学应掌握的词汇），其中 2 000 个单词为积极词汇，即要求学生能够在认知的基础上在口头和书面表达两个方面熟练运用的词汇。

（二）较高要求

1.听力理解能力

要求学生：能听懂英语谈话和讲座；能基本听懂题材熟悉、篇幅较长的英语广播和电视节目，语速为每分钟 150~180 词；能掌握其中心大意，抓住要点和相关细节；能基本听懂用英语讲授的专业课程。

2.口语表达能力

要求学生：能用英语就一般性话题进行比较流利的会话；能基本表达个人意见、情感、观点等；能基本陈述事实、理由和描述事件，表达清楚，语音、语调基本正确。

3.阅读理解能力

要求学生：能基本读懂英语国家大众性报刊上一般性题材的文章，阅读速度为每分钟 70~90 词；在快速阅读篇幅较长、难度适中的材料时，阅读速度达到每分钟 120 词；能阅读所学专业的综述性文献，并能正确理解中心大意，抓住主要事实和有关细节。

4.书面表达能力

要求学生：能基本上就一般性的主题表达个人观点；能写所学专业论文的英文摘要；能写所学专业的英语小论文；能描述各种图表；能在半小时内写出

不少于160词的短文，内容完整，观点明确，条理清楚，语句通顺。

5.翻译能力

要求学生：能摘译所学专业的英语文献资料；能借助词典翻译英语国家大众性报刊上题材熟悉的文章，英汉译速为每小时约350个英语单词，汉英译速为每小时约300个汉字，译文通顺达意，理解和语言表达错误较少；能使用适当的翻译技巧。

6.推荐词汇量

要求学生：掌握的词汇量应达到约6 380个单词和1 200个词组（包括中学和一般要求应该掌握的词汇），其中2 200个单词（包括一般要求应该掌握的积极词汇）为积极词汇。

（三）更高要求

1.听力理解能力

要求学生：能基本听懂英语国家的广播电视节目，掌握其中心大意，抓住要点；能听懂英语国家人士正常语速的谈话；能听懂用英语讲授的专业课程和英语讲座。

2.口语表达能力

要求学生：能较为流利、准确地就一般或专业性话题进行对话或讨论，能用简练的语言概括篇幅较长、有一定语言难度的文本或讲话，能在国际会议和专业交流中宣读论文并参加讨论。

3.阅读理解能力

要求学生：能读懂有一定难度的文章，理解其主旨大意及细节；能阅读国外英语报刊上的文章；能比较顺利地阅读所学专业的英语文献和资料。

4.书面表达能力

要求学生:能用英语撰写所学专业的简短的报告和论文;能以书面形式比较自如地表达个人的观点;能在半小时内写出不少于 200 词的说明文或议论文,思想表达清楚,内容丰富,文章结构清晰,逻辑性强。

5.翻译能力

要求学生:能借助词典翻译所学专业的文献资料和英语国家报刊上有一定难度的文章;能翻译介绍中国国情或文化的文章;英汉译速为每小时约 400 个英语单词,汉英译速为每小时约 350 个汉字,译文内容准确,基本无错译、漏译,文字通顺达意,语言表达错误较少。

6.推荐词汇量

要求学生:掌握的词汇量应达到约 7 670 个单词和 1 870 个词组(包括中学、一般要求和较高要求应该掌握的词汇,但不包括专业词汇),其中 2 360 个单词为积极词汇(包括一般要求和较高要求应该掌握的积极词汇)。

第二节 英语教学现状及其影响因素

一、英语教学现状

(一)教学模式单一化

多年来,以教师讲授为主的教学模式是我国英语教学阵地的绝对主角,而且时至今日,这种现象也没有较大的改观。在传统教学观念下,英语教学多是教师的独角戏，学生就像是观众或者是听众，很少进行实际的语言的交流和回复。这种单向的教学模式在客观上剥夺了学生使用语言的机会，也不利于学生创造性思维的培养，长此以往，既助长了学生的惰性同时也使得学生产生了强烈的依赖心理，学生自主学习的习惯就无从谈起了。因此，各学校应充分利用现代信息技术，改进以教师讲授为主的单一教学模式。

（二）教材选用不合理

英语教材的编写和选用依据教材建设规划以及学科专业或课程教学标准，服务教育教学改革和人才培养。但是，从整体来看我国各阶段的英语教材并不能完全满足学生的学习要求，甚至从某种程度上限制了学生学习能力的发展和教师的授课效果。

英语教材是英语教师进行教学的前提，是不可以缺少的"一只手"，除了可以对教师的教学质量产生一定的影响外，还影响了学生英语综合应用能力的培养。

教材的编写须依据教学计划、课程标准等要求，这样就造成了教材的一些局限性。学生在大学阶段和中学阶段需要掌握的内容具有一定的重复性，这会使学生产生一种消极情绪，不利于学生英语综合应用能力的培养。

此外，部分英语教材内容多倾向于文学，实用性不高，学生在实际生活中应用到的机会较少。有些英语教材内容陈旧、缺乏特色、修订不及时。随着时代的发展、社会的进步，一些与时代发展和课程标准等要求接轨的新型教材开始进入大家的视野。但是这些教材也存在难度不当、内容没有针对性、设置不合理等问题。因此，学校应优先选用国家和省级规划教材、精品教材及获得省部级以上奖励的优秀教材，应选用适宜教学的教材。

（三）能力培养不平衡

众所周知，语言的外在表现意义是通过表达功能和表达形式这两个方面来体现的。目前，我国英语教学侧重对语言表达形式方面的培养，而相对减弱了对语言功能方面的训练。例如，虽然我国大学英语教学是在九年义务教育以及高中教育的基础上，帮助学生进一步学习英语基础知识，培养学生的听、说、读、写等语言技能，但是大部分学生在实际学习中使用英语的机会并不是很多，听说能力较弱。

笔者总结出了大学英语教学能力培养不平衡的原因，具体有以下三点：

第一，受大学英语四、六级考试的影响。大学英语四、六级考试是教育部主管的一项全国性的英语考试，其目的是对大学生的实际英语能力进行客观、准确的测量，为大学英语教学提供测评服务。大学英语四、六级考试是一项大规模标准化考试，是一个"标准关联的常模参照测验"。许多学生为了通过大学英语四、六级考试，注重提高自己的读、写能力，在一定程度上忽视了听、说能力的提高，进而影响到英语综合应用能力的提高。

第二，受记忆式学习方式的影响。我国大学阶段的英语教学一直将学生对基础知识的积累放在重要位置，往往忽略了对学生利用所学知识进行日常交际和交流的训练和培养。

第三，受社会环境的影响。英语对我国学生来说只是一种外来语言，日常生活中学生多是使用汉语进行交流，这也影响学生英语听、说能力的提高。

总之，目前我国学生语言能力发展不平衡的现象还是比较明显的。因此，我们必须重视能力培养不平衡这一现状，努力提高学生的英语综合应用能力。

（四）文化意识不同步

一般来说，目前我国英语教学注重的还是学生的成绩，较少关注英语中有关文化方面的内容，这就导致了学生文化意识与英语学习的不同步。如果对引起这一现状的原因进行挖掘和总结的话，可以概括为以下三个方面：

第一，许多英语教师受传统教学方式的影响，仍将教学重点放在学生是否掌握了正确的语言形式上，而不是去关注文化意识和通过怎样的方式来正确使用语言。这是因为有些教师觉得课堂时间少而宝贵，而文化教学是一种花费时间、精力的教学，且短时间内难以产生明显效果，不应该将有限的课堂教学时间用在繁重的文化教学上。此外，还有一些英语教师对英语教学的理解比较狭隘，认为只要学生掌握了单词、语法知识就等于学好了英语，没必要学习文化知识。

第二，对大多数教师来说，英语是一种外来语言。在我国，只有极少数英语教师有过在英国、澳大利亚、新西兰等国家的留学经历，英语教师的文化意识普遍不高，难以满足学生的学习要求。

第三，作为英语教师来说，他们自身的教学任务也是比较多的，并没有太多的时间和精力去开展有关文化方面的教学研究。

（五）师资力量的匮乏

据调查，一名普通的英语教师每周的教课时长一般都超过了 12 课时，除了教学任务，他们还需要完成科研任务和社会服务任务，从而导致他们没有足够的时间花在自我提升上，难以提高自己的授课水平。这些对英语教师来说都是非常不利的。

另外，当学校出现英语教师力量不足的情况时，就会降低对英语教师所具备的知识能力和素质的要求，这就使得各英语教师的教学水平参差不齐。

（六）教学地位的倒置

在我国的教学活动中，多将教师放在了主要位置，忽视了学生的主体作用。目前，很多教师依旧采用教师讲、学生听的教学模式。在教学过程中，教师的讲授占用了大部分时间，学生几乎没有时间参与其中并对所学内容提出问题，扮演的就是一个被动的听众角色，只能消极地对教师传授的知识进行接收。这不符合我国英语教学要求。在英语教学中，应该集中精力发展学生的学，而不是本末倒置地将重点放在教师的教上，应引导学生掌握学习的主动权，积极主动地去学习。

（七）教学目标的偏离

我国英语的教学目标是培养学生的英语综合应用能力，但受各种因素的影响，产生了一些偏离。例如，由于社会上一些用人单位将大学英语四、六级考试证书作为应聘条件之一，许多高校将大学英语四、六级考试放到了重要的位置，并且将大学英语四、六级考试通过率作为英语教学的评价标准之一，这在一定程度上使大学英语教学目标偏离了原来的主题。大学英语教师为了提高大学英语四、六级考试的通过率，不得不在课堂上花费大量的时间进行词汇和语法的讲授，而学生则是运用题海战术进行知识的巩固。如此一来，学生的应试能力得到了提高，但其英语综合应用能力，尤其是听、说能力，难以得到提高。

（八）学生主动性低下

对于英语教学，有些教师存在一个盲区，那就是忽视了学生学习语言兴趣的培养。传统的应试教育已经让大部分学生对英语学习产生了厌倦心理，长此以往，仅有的一点兴趣也会被消磨殆尽。在这样的背景下，学生学习英语的主动性、积极性自然不高。

二、英语教学的影响因素

新时代中国特色社会主义对英语人才培养提出了新要求。英语作为最重要的国际通用语，在建设社会主义现代化国家与实现中华民族伟大复兴的中国梦中扮演重要角色。因此，我们要重视复合型英语人才的储备和培养。英语教学的影响因素主要有以下几点。

（一）教师因素

教师作为教学的主体，在教学中的作用不可忽视。教师专业素质的高低直接影响学生学习效率的高低。

教师必须具备扎实的英语理论知识和宽广的知识面，具备良好的英语综合运用能力和较强的英语口头、笔头表达能力。教师不仅是知识的传播者，是学生知识的主要来源，还是教学活动的主要组织者和管理者。教师要对学生的学习活动进行有效的组织、计划和协调，设计出精良的教学活动，选择丰富的教学内容。在教学过程中教师要不断调整教学方法和教学手段，善于激发学生学习兴趣，培养学生良好的学习习惯，努力提高学生的学习能力，营造良好的学习氛围和学习环境。教师还要及时了解学生需求，并根据实际情况不断反思教学；要教给学生语言学习的规律和方法，善于启发学生，培养学生的自学能力和主动获取知识的能力，监控学生学习过程，督促学生自主学习。

教师还要具备较高且全面的文化素质。教师的文化素质对英语教学意义重大，只有教师具有较高且全面的文化素质，才能在教学中将文化知识渗透到教学活动中，使学生在语言学习的同时了解各个国家的不同文化，使学生逐渐形成跨文化交流的意识。

教师的心理素质也是影响英语教学的重要因素之一。作为一名合格的英语教师，既要活泼热情、风趣幽默，同时又要沉着冷静。总之，教师要具有良好的心理素质。

（二）学生因素

学生是英语教学的另一个重要主体。作为英语教学活动的主要参与者，学生的学习观念、学习策略、学习风格、学习动机等都会对英语教学的效果产生重要影响。

1.学习观念

学习观念是指学生对学习所持有的看法，是学生知识储备体系的一部分。有些学生的学习观念来自教师、同学和家人，而有些学生的学习观念则来自他们以前的学习经历。学习观念是影响英语学习效率的重要因素之一，它决定着学生的自主学习行为及学习效果。只有在积极的学习观念之下，学生才能学好英语，才能找到有效的学习方法，并获得预期的英语综合应用能力。正确的学习观念往往会使学生选择合适的学习策略，使学生明白自己的优势和不足，更好地制定学习计划和学习目标。相反，消极的学习观念往往会使学生被动学习，使学生对自己的英语学习缺乏足够的信心。因此，在以学生为中心的教学模式越来越受推崇的今天，教师不能只是传授知识，还要关注学生的学习心理，以达到促进学生高效率、高质量学习的目的。此外，学生应逐渐养成自主学习的观念。学生要对英语学习有一个清晰的认知，这样才能在学习中进行自我调控和自我评估，制订切实可行的学习计划，逐渐摸索出适合自己的、行之有效的学习方法。

2.学习策略

有学者认为学习策略是学生采取的技巧、方法或刻意的行动,其目的是提高学习效果;有学者认为学习策略泛指学生为了促进学习而采取的一切行为;还有学者认为学习策略是有助于学习者构建语言发展系统的方法、行为。尽管学者们对学习策略的定义存在明显分歧,但是他们都一致认为学习策略对语言学习有着重要影响。

有的学生能够找到正确且有效的学习策略,从而掌握更加高效的学习方法。学习策略并非一成不变,学生应依据自身的特点和学习效果适时调整学习策略,以便更快地完成学习任务。学生英语学习效率的高低表现在能否灵活、适当地选择和使用学习策略。正确地选择和执行学习策略能够帮助学生提高学习的主动性、独立性和自我调控能力。只有对学习策略的功能及重要性有了深刻的认识,学生才能更好地运用学习策略。因此,学生在学习过程中,应该主动利用多渠道来了解和学习对自己有益的学习策略,如课堂授课、集体辩论、学习讲座等。

在教学中,英语教师不仅应该知道教什么、怎么教,还要了解学生的学习策略使用情况,以使学生更有效地学习。教师还可以结合课堂教授的实际内容,教会学生如何在不同情境下运用学习策略。此外,教师还可将现实与理论相结合,将课堂内容与策略指导相结合,帮助学生更快地掌握学习策略。教师还应提供足够的机会让学生练习如何运用策略,并与学生加强沟通,帮助学生及时调整学习策略。

3.学习风格

学生在学习过程中,会对周围刺激作出反应,或者利用刺激完成学习任务,形成属于自己的学习风格。有学者认为,学习风格是学习者独特的认知、情感和生理行为；是学习者在自身学习知觉和周围学习环境的影响下作出相关反应的稳定指标；是学习者在吸收和理解新信息时表现出的无意识、难以观察的内在特征，包括在学习过程中经常使用的学习方法、学习倾向等。学习风格是在个体生理基础上，在特定的家庭、教育和社会文化的影响下，通过长期的学习活动形成的。它具有相对稳定性，并且直接参与整个学习过程，对学生的学习效果有直接的影响。

在如今的大学英语教学中，个性化学习已成为大势所趋。每一个学生都是独一无二的。每一个学生都应根据自身情况调整学习时间和学习过程，以最大限度地发挥潜能，提高学习积极性，从而提高英语学习效率。学习风格直接参与整个学习过程，并对学习效果有着不容忽视的影响，是学生个体差异的重要组成部分。因此，在英语教学过程中，教师应秉承因材施教的教学理念，针对不同学习风格的学生展开个性化教学，主动适应学生的学习风格，有意识地调整教学方法，优化教学模式，从而提高学生的学习效率；而且，教师应该有目的地帮助学生培养适合自己的学习风格，并帮助学生适应这些学习风格。

4.学习动机

作为影响学习效率的重要因素之一，学习动机在教学研究中一直是至关重要的一项内容。学习动机通常分为内在动机和外在动机，内在动机源于学生对语言学习的强烈兴趣，而外在动机源于外部环境对学生的影响。内在动机和外在动机并不是固定的，在某种条件下，外在动机也可以转化为内在动机。例如，学生在一些外部动机的刺激下开始学习英语，然后在学习过程中对英语逐渐表现出浓厚的探索欲望，继而从主观上想要继续深入学习，由此外在动机就转化成了内在动机。纯粹的外在动机会随着外部影响的消失而逐渐消失。学习只有在内部动机的影响下才能持续保持。有国外学者指出，外语学习倾向是指长期的外语学习目标，同学习态度一起维持着学生的个体学习动机，学习环境会影响学生的学习动机倾向。我国的语言学家刘润清指出：学习者的动机类型往往与他们所处的社会环境有关系。长期以来，应试教育一直都是影响学生英语学习动机的主要社会环境，学生学习的目的是应付各种考试。这只是一种外在动机，无法长期对提高学习效率产生积极影响。因此，英语教学应注重激发学生的内在学习动机，引导学生提高英语综合应用能力。在教学中，教师应发挥主导作用，学生应发挥主体作用，教师应赋予学生更多的学习主动权，使学生从学习中获得快乐，在快乐中获得语言能力，从而不断地提高学习效率。

（三）教学内容

教学内容是指教师和学生在教学活动中为实现教学目标而形成的知识、技能、思想、概念、原理、问题和行为习惯等的总和。教学内容是学生理解和掌握的主要对象，是师生开展教学活动的重要依据。没有教学内容，教学活动就无法开展。根据教学目标，选择并确定教学内容，制订教学计划，在教学过程中发挥师生的主动性，活化教学内容并使学生有效掌握，是保证高质量人才培养的重要前提。英语教学不仅要让学生掌握语言知识和语言技能，还要让学生掌握学习策略，养成积极向上的情感态度，具备一定的文化素养。

语言知识是英语综合应用能力的重要组成部分，也是语言学习和语言应用的重要内容之一。没有掌握扎实的语言知识，就不可能具备很强的语言能力。学生应该学习和掌握英语的基本知识，包括语音、词汇、语法等。语音、词汇和语法（语言形式）体现在一定的话题中。学生在运用语言时，除了要具有话题知识，还应掌握语言形式在一定话题中所具有的功能。只有当他们既掌握语音、词汇和语法，又具备语言功能和话题方面的知识时，才能正确、得体地运用语言进行交流、沟通。

学生在学习和运用语言时必须熟练掌握听、说、读、写、译五项基本语言技能。例如，大学英语教学内容必须包括听、说、读、写、译五方面的内容，为学生提供体验语言和感知语言的机会，促进学生熟练掌握语言知识。通过大量听、说、读、写、译的专项训练和综合性语言实践活动，学生可以培养语言的综合运用能力，为真实的语言交际奠定基础。

在英语教学中，教师要有意识地帮助学生形成适合自己的学习策略，并引导学生回顾、反思自己的学习过程、学习效果，培养学生根据学习风格不断调整学习策略的能力，并引导学生学会观察他人的学习策略，同时通过与他人一起交流学习，体会并尝试不同的学习策略。

学生在学习过程中往往受到态度、动机及教师的价值取向、品质等情感因素的影响。因此，在教学过程中，教师应关注学生的情感变化，帮助学生培养和发展积极的情感态度，不断激发学生的学习兴趣，引导学生将兴趣转化为稳定的学习动机，培养学生的合作品质，帮助学生形成和谐、健康、向上的人格。

学习一门语言的过程就是学习一种文化的过程，对英语的学习离不开对英语国家文化的学习。在英语教学过程中，教师可根据学生的年龄特点、认知能力等向学生传授英语国家文化知识。此外，教师还应促进学生在学习其他民族优秀文化的过程中更好地继承、发扬中华优秀传统文化。

（四）教学方法

在英语教学史上，许多教学方法都曾经发挥过重要作用，有效地促进了英语教学的发展。这些教学方法包括语法翻译法、直接法、自觉对比法、听说法、视听法、认知法、功能法、口语法、全身反应法、暗示法、沉默法、交际法、情境法等。但是，历史证明没有哪一种教学方法是最好的、最有效的，也没有哪一种方法适用于所有时期、所有地区、所有教学内容。如果教师在英语教学中一直采用一种教学方法，则必然会使学生感到厌烦。而且，不同的教学方法对不同的语言知识、语言技能各有侧重，只有综合、灵活运用各种教学方法才能有效促进学生英语能力的提高。

在英语教学中，无论是用什么样的教学方法，教师都必须以学生的语言交际为教学的出发点，将教学与日常实际生活结合起来，鼓励学生有创造性地、有目的地运用所学语言。同时，教师应力求使教学过程交际化，选取适合学生年龄、认知特点等的材料，对处于不同阶段的学生采取不同的教学方法。

（五）教学环境

教学环境是由多种不同要素构成的复杂系统，有广义和狭义之分。广义的教学环境是指影响学校教学活动的全部条件，它可以是物理环境，也可以是心理环境。狭义的教学环境特指班级内影响教学的全部条件，包括班级大小、座位模式、班级气氛、师生关系等。总的来说，教学环境可分为社会环境和学校环境。

1. 社会环境

社会环境主要是指经济发展水平、科技发展水平对英语的影响，社会群体对英语学习的态度，以及社会对英语的需求程度等。社会因素是影响和制约英语教学的重要因素，对英语教学具有导向作用，是英语教学前进的方向。

2. 学校环境

学校是学生学习知识、发展能力的最佳场所。学校环境对英语教学的影响是最重要的，也是最直接的。学校环境包括教学设施、教学资料、校风班风等。学校教学质量的好坏、管理水平的高低以及硬件设施的完善与否决定了英语教学的成败。良好的教学设施，如图书馆有助于增强学生的自主学习意识；语音教室和多媒体设备可以为学生学习英语提供必要的技术支持，有助于学生提高口语、听力水平，有助于激发学生的学习兴趣。定期邀请中外英语教学专家作专题报告,向学生推荐和提供英语报纸、杂志、名著等阅读材料,可以加强学生对英语文化的了解,扩大学生的知识面和阅读范围。成立英语学习协会,开展英语课外活动,举办"英语角",可以使学生在活动中学习到更多的英语知识,感受到英语学习的快乐。

(六)教学媒体

在现代教学系统中,教学媒体这一要素也随着时代的发展转化成越来越重要的角色,对其他要素作用的发挥起着重要的作用。

近年来,各学校英语专业课堂教学的条件和学生自主学习的条件都随着经济和科技的发展而发生巨大变化,多媒体教室、网络教室在大部分学校得到普及,基于计算机的教学模式成为英语教学模式的主流。在具体的课堂教学过程中,教师可以利用各种教学工具,如图片、视频等,以激起学生的学习兴趣,引导学生进入多模态的学习环境中,进而达到很好的教学效果。在课后,教师还可以将课内教材与课外读物进行合理结合,引导学生主动拓展课外学习,如引导学生利用网络和图书资料等进行多方位学习,进一步巩固课内知识。非正式化的片段学习成为学生课外学习的主体,学生通过网络可以随时随地与教师、同学取得联系,方便快捷地进行多模态学习。

研究结果表明,文字、声音与图像这三种方式相结合的多模态学习方法对提高学生的学习效率是十分有效的,尤其是借助多媒体进行的英语专业教学,对学生的英语学习有更大帮助。借助声音和图像的表达,可以更加生动形象地将英语的发音、语气、语感等内容传达给学生,从而调动学生的视觉、听觉等多种感官,加强学习效果。

近年来,各地学校为顺应时代发展和教育转型的需要,纷纷对本校的英语教学条件和环境进行了改善,一方面普及落实多媒体课堂教学,另一方面加大力度建设英语网络自主学习中心。例如，某高校设立计算机辅助语言教学部，积极探索基于计算机网络的英语教学改革，开展基于网络的大学英语听、说、读、写、译课程，充分保障学生学习专业英语的网络自主化条件，建设具有校本课程特色的大学英语课程资源。立体化、多元化的教学资源，拓展了学生意义表达和建构的方式，促进了教师教学内容的多元化，既充实了新媒介条件下多媒体、多模态课堂教学，又为学生提供了真实、有意义的英语学习环境，极大地丰富了大学英语的课程文化和校园文化，满足了英语专业教学的需求。因此，探索数字媒体与课堂教学的融合是未来英语专业教学的重点。

第三节 英语教学方法分析

一、英语教学方法的概念

在《现代汉语词典》中，"方法"一词的含义是"关于解决思想、说话、行动等问题的门路、程序等"。从这一定义中可以看出，"方法"的意思可大可小。针对英语教学而言，方法大致可分为宏观层、中观层和微观层三个层面。

宏观层是指英语教学中涉及的理论、观点、主张和操作程序等，它们之间是相互支持、相互配合的关系，这样看来，宏观层的英语教学既是一个相互合作的整体，同时又是一个相对独立、完整的思想体系。因此，宏观层英语教学法又叫英语教学流派，如语法翻译法、直接法、听说法、交际法、情境法等。

中观层指的是英语教学中某些规律性的、固定的"套路"，是一种较为复杂的、可分为若干步骤的、系统的技巧和做法。例如，3P 法是在 20 世纪 70 年代形成的交际语言教学模式下的产物，其把语言教学分为以下三个阶段：演示（presentation）→操练（practice）→成果（production）。

微观层指的是具体的教学技能技巧。在这一层面上，"方法"一词不再是英语教学中的专用术语，而是日常用语，其含义是"解决某一具体问题的某一具体做法"，可称为"技能"或"技巧"，如词汇教学中的默写法、语法教学中的演绎法和归纳法等。

语言教学方法也就是教授语言的方法。英语教学方法是有关英语教与学的最佳方式的应用，同时它以一定的原则和程序为基础。只有遵守这些基本的原则和程序，英语教学才能取得良好的效果。换句话说，英语教学方法是一种关于英语教学的思想体系，它包含着两方面的内容，即理论基础层面和实践操作层面。显而易见，理论基础层面解决的就是英语教学的基本理论和基本原则等方面的内容；而实践操作层面解决的就是教学活动和实践中的问题。理论基础层面的教学方法是科学分析，而实践操作层面的教学方法是科学应用，两者结合在一起便是对英语教学方法最好的解释。

二、常用英语教学法

（一）语法翻译法

语法翻译法是一种英语教学法，以翻译和语法学习为主要的教学活动。语法翻译法源于拉丁语教学，盛行于 15—17 世纪的欧洲，当时称"语法模仿法"，是翻译法的雏形。到了 18—19 世纪，西欧一些国家确定了翻译法的教学地位，因此法重视语法教学而被称为语法法或语法翻译法，因继承了拉丁语的传统又称传统法。这种方法从 19 世纪开始应用于现代语言教学，如法语、德语和英语，许多国家至今还在应用。

1.语言和语言学习的观点

语法翻译法将目标语言（英语）视为一个规则系统，且与母语的规则和意义有所联系。语言学习被看作一种智力活动，它涉及规则学习、规则记忆以及海量的翻译方法中与母语意义相关的操作。

2.教师的教学目的

根据教师对语法翻译法的理解，学习英语的主要目的是培养学生阅读文学作品的能力。为了实现这一目标，学生必须掌握大量的英语词汇、语法规则。在学习英语的过程中，学生可以通过背诵语法规则、词汇以及翻译练习等来提高阅读文学作品的能力。

3.主要的教学活动和特点

语法翻译法主要的课堂教学活动包括：对整篇课文大意的译述，把英语课文逐句译成母语，对课文中语法规则做演绎式的讲解，以及直接阅读课文以加深对课文的理解等。

如果教师采用语法翻译法进行教学，往往会这样设计：

首先，用母语对课文的作者、写作背景、文章大意进行简单的介绍，让学生对文章有初步的了解。

然后，对课文进行逐句翻译。一般来说，在翻译之前，教师会带读单词表里的单词，使学生明白单词的发音和意义。在逐句翻译的时候，教师可以先朗读句子，然后用母语解释词的意义、短语的意义和句子的意义。碰到语法方面（包括词法、句法及惯用法）的问题，教师会讲解语法现象、规则和用法，并举例加以说明。逐句翻译和语法讲解是语法翻译法课堂教学的主要活动，占据课堂的大部分时间。

在讲解清楚语法和翻译完课文后，教师还会让学生直接阅读课文，并做一些阅读理解专项练习以加深对课文整体的理解。阅读理解专项练习多半以多项选择的形式出现。

在讲完课后，教师还会根据情况让学生做一些翻译练习。

4.对学生能力的培养

语法翻译法重视词汇和语法的教学，强调阅读和写作能力的培养，并不太重视听、说能力的培养。

5.教学材料的设计

在语法翻译法的教材中，不少课文选自英语文学原著或文学原著的简写本、改写本。很多语法翻译法的教材采用线性排列的组织方法。课文后一般编有语法项目的解释、练习题，并有英语和母语对照的词汇表。

6.教师和学生的角色定位

在语法翻译法中，教师是课堂教学的权威、知识的传授者和课堂教学的组织者，学生接受教师的教导并按教师的指示去做。

7.母语的作用

母语在语法翻译法中是教学语言，教师用母语翻译外文，进行语法讲解，并用母语回答学生的提问。

8.教师对待错误的态度

由于使用语法翻译法的教师重视学生语言准确性的培养，他们期待学生能在翻译方面达到较高的水平，因此他们往往会及时纠正学生的错误并给出正确答案。

（二）直接法

直接法是一种英语教学法，具有以下特点：①只使用目标语进行教学；②意义通过语言、动作、物体等手段结合情境来表达；③先教说，后教读、写；④用归纳法讲授语法。

直接法是在19世纪末作为对语法翻译法的批判而创立的。

1.语言和语言学习的观点

主张直接法的学者认为口语是第一位的，而非笔头语，所以学生应学习日常使用的目标语。英语学习和母语学习相似，语言学习过程可用联想心理学解释。因此，可以将英语教学与教室、家庭、街道等不同环境中的实物、人物等联系起来。

2.教师的教学目的

直接法的教学目的是培养学生运用英语进行交际的能力。从全面角度考虑，英语的听、说、读、写能力应该并重，但对于刚入门的学生而言，学习重点应该放在口语交际能力的培养上，以让学生了解、掌握、习惯英语思维，脱离母语的影响，更好地用英语表达自己的思想。

3.主要的教学活动和特点

直接法的得名源于它主张在英语教学中将英语词语同它所代表的事物和意义直接联系起来。这种联系是直接的，不需要以翻译为中介。直接法的主要目的是培养学生运用英语进行交际的能力，而在初级阶段主要是口头交际的能力。因此，在直接法的课堂里，教学活动有如下三个特点：①全英语的教学。教师用英语进行教学，并广泛使用实物、图画、手势、表情等手段对英语的词义和句子等进行解释。②模仿、朗读和问答是主要的教学活动形式。这些活动可以帮助学生更好地掌握正确的语音、语调，有助于培养学生的口头表达能力。由于直接法主张听、说、读、写同时进行，因此在突出听、说技能训练的同时，读、写也要从一开始就抓起来。③教师要求学生在提问或对教师的问题作答时，均以完整的句子说出问句或答句，因为句子被视为口头交际的基本单位。

4. 对学生能力的培养

在直接法的课堂里，虽然听、说、读、写的训练一开始就已出现，但是口语被视为基础，特别是在入门阶段，教师的工作重点是培养学生的口头交际能力。阅读和书写的练习都是根据口头练习的材料来设计的。由于对口头表达能力的重视，教师从一开始就十分重视训练学生标准的发音和扩大学生的词汇量，往往会忽略对语法规则的讲解。

5. 教学材料的设计

主张直接法的学者在编写教材时，很注意使用"活语言"作为基本材料，在教材中安排"日常用语"，以使学生能学用结合、学以致用。有些学者认为，按直接法的课程标准编写教材是以情境或某一话题为基础的。

6. 教师和学生的角色定位

虽然在直接法的课堂里还是教师主导所有的教学活动，但学生要比在语法翻译法的课堂中主动得多。教师和学生是一种搭档（或伙伴）的关系，学生可以向教师提问和回答教师的问题，教师可以向学生提问和回答学生的问题。另外，学生之间也可以进行对话或讨论问题。

7. 母语的作用

直接法强调语言形式同客观表象之间联系的直接性，认为在英语形式和客观表象之间不应加入相应的母语形式，否则母语将会成为学习英语的障碍。因此，直接法主张全英语式教学，不在英语课堂中使用母语。

8. 教师对待错误的态度

从教学法简史中可知，直接法是在学者们对学生学习母语、运用母语进行观察研究的基础上建立起来的。学生学习母语，犯错误是不可避免的，父母也不会过多指责学生的错误。相反，他们会以不同的形式讲出正确的语言，让学生自己去纠正错误。使用直接法的教师对待学生的错误也如父母一样，采用不同的方法让学生自己纠正错误。例如，当一个学生提问"What is the ocean in the West Coast？"时，教师可以说"You say 'what is the ocean on the West Coast？'"。教师可以耐心引导学生，使其意识到自己的错误，并进行自我改正。

（三）听说法

听说法是 20 世纪 40 年代产生于美国的英语教学法。它和直接法的共同之处是强调口语是第一位的，强调口头能力的培养。听说法认为母语是英语学习的主要干扰，可以对比分析母语和英语各个层面的异同，预测学生学习英语时会遇到的困难。

1.语言和语言学习的观点

听说法把语言看作一个由音素、词素、单词、结构和句型组成的系统。在语言学习理论方面，听说法是建立在行为主义学习理论的基础之上的。根据行为主义言语行为的学习模式，人在获取语言技能的过程中必定需要经历"刺激—反应—强化"这一阶段。学生会对教师的语言（刺激）作出反应。因此，英语教师在教学过程中，应当正确引导学生，加强学生对语言（刺激）的正确反应，提高学生掌握语言技能的效率。在英语教学过程中，教师应培养学生语言学习的习惯。

2.教师的教学目的

英语教师使用听说法，其目的是培养学生的英语口语交际能力。语言是一套习惯，学习英语就要养成一套新的习惯。要想养成新的语言习惯，就需要对语言进行大量的听说，通过模仿、记忆和表达的方式，来熟练掌握各种语言结构（包括语音、语法和词汇的结构）。学生只有克服母语的旧习惯对英语新习惯的干扰，才能正确、自由地使用英语。

3. 主要的教学活动和特点

听说法非常重视口语的教学，听说法的课堂教学，应该从对话开始。因此，对话是听说法课堂的主要活动。听说法教学活动可以总结为以下四步：①教授对话，听说领先；②跟读模仿，句句复述；③强化操练，掌握句型；④巩固口头，读写跟上。

在教授对话时，教师可以通过不同的方式进行表演。然后，教师会要求学生一句一句地模仿跟读。在多次的模仿和跟读后，教师、学生之间会表演对话。表演的形式可以是多样的，既可以由教师扮演对话的一方，全体学生扮演对话的另一方，也可以由一半学生扮演对话的一方，另一半学生扮演对话的另一方。无论跟读或对话，其目的都是使学生能背诵对话。

接着，教师会抽出对话中的一些句型进行句型操练。句型操练可以说是听说法中一个很有特色的训练项目。它可以是替换词型，也可以是句型转换型。做替换词型的操练时，教师可以先提供一个句子"I'm going to the post office."；然后，利用多媒体向学生展示一张银行的图像，说"I'm going to the bank."；接着，可以向学生展示不同的图像：药店、公园、餐馆，训练学生说出"I'm going to the drug store/ park/ restaurant…"。对于句型转换型的操练则更加灵活，教师可以说出肯定句，训练学生说出否定句或疑问句；教师也可以说出两个句子，训练学生把它们合成一个复合句（定语从句、状语从句等）；教师还可以说出一个句子和提供一个情境，训练学生说出一个某种句型的句子（如倒装句、感叹句等）。句型操练是训练学生掌握各种句型、句子结构的一种行之有效的训练方式。

不管是模仿跟读还是句型操练阶段，教师对读得好、做得对的学生都会予以鼓励，教师会说"good"或"very good"，以提高学生学习的积极性，促进学生良好习惯的养成。

通常来说，听说训练完成后，教师可以布置阅读和书写的练习。

4.对学生能力的培养

在听说法的理念当中，口语是排在第一位的，其次才是文字。良好的听说训练对培养学生的读写能力起着十分重要的作用。因此，听说法强调听、说能力的培养，课堂的大部分时间都花在听和说的训练方面。教师很注意学生的发音和语调，不少教师还使用语言实验室训练学生，以使其掌握正确的语音和语调。

5.教学材料的设计

听说法教材的编写有两个较明显的特点：①按结构大纲来编写；②考虑学生的母语和文化背景，根据不同母语背景的学生特点来编写。

教学大纲对语言的语音、语法和词汇进行了详细的描述。教材的编写往往按照由浅入深的顺序。因此，在以听说法为主的教材中，我们可以看到语音训练项目（发音要领、发音图等）、语法结构训练项目和词汇训练项目。然而，其中核心的、也是最重要的项目应该是句型训练，因为支持听说法的学者认为语言的内涵首先是言语，而言语应该通过结构去学习。

6.教师和学生的角色定位

在教学中，教师不仅是学生模仿的对象，还是课堂活动的指挥官。学生是模仿者，他们模仿教师的语音、语调。课堂上的活动，不论是对话教学还是句型操练都是在教师的指挥下进行的。教师控制操练的速度，鼓励学得好的学生，指出并纠正学生所犯的错误。从这个意义上来说，听说法是一个教师起支配作用的方法。

7.母语的作用

在听说法中，母语的习惯被视为学生养成英语新习惯的干扰，因此母语不在听说法课堂中使用，英语是教学的主要语言。

8.教师对待错误的态度

听说法认为，学习英语其实就是养成一种新的语言习惯，习惯的形成，离不开模仿和练习。因此，在英语教学过程中，教师会对学生提出严格的要求，并及时纠正学生的错误。

（四）交际法

交际法，又称"意念法""功能法"或"意念-功能法"，于20世纪70年代初期，出现在欧洲经济共同体国家。交际法是人们深入研究语言功能的结果，标志着在英语教学中人们开始从只注意语言形式和结构的教学转向注意语言功能的教学。

1.语言和语言学习的观点

交际法的语言观认为，语言是表达意义的系统，其基本功能是社会交际，语言学不应仅仅研究语言的形式，更要关注语言要完成的社会功能以及语言在人们社会交往中受到的制约因素。因此，第二语言教学的目的不仅是让学生掌握语言规则、能正确地运用语言，更要使学生掌握语言的使用规则，得体地运用语言。

2.教师的教学目的

交际法的教学目的是培养学生的英语交际能力。语言学习者不仅要有辨别句子是否符合语法规则和创造符合语法规则的句子的能力，还要知道如何正确使用语言，即针对不同的对象使用不同的语言，在不同的场合和时间使用不同的语言。为了实现这一目标，学生要理解语言的形式、意义和功能，要学会使用正确的语言形式来表达自己的想法。

3.主要的教学活动和特点

准交际活动并不是真实的交际活动，而是为了真实交际做准备而设计的教学活动，如句型操练、对话等，其目的是使学生理解、掌握英语句型和结构，能进行英语交际。在英语交流中，如果一个人所说的英语有误，那么交际势必会陷入尴尬的境地。

研究交际法的学者们将交际活动归纳出了三个特点：①信息沟；②选择性；③消息的反馈。教师在设计教学活动时，也应考虑真正交际活动的三大特点。

交际法教学的另一特点是，教师会尽量使用真实的材料进行教学，这些材料可能来自外文的报纸和杂志，也可以来自外国的电台、电视剧或电影。

4.对学生能力的培养

在交际法里，语言的功能比结构更受重视。一般来说，交际法的教材按功能大纲来编写。同一功能不同结构的语言要分不同的阶段介绍，先介绍简单的，然后介绍较复杂的。

5.教学材料的设计

交际法的教材有不同的设计类型，有纯粹功能型的，有结构-功能型的，也有功能-结构型的，还有题材型的。纯粹功能型的教材，考虑到语言形式的不足，会使语言结构失去系统性；结构-功能型的教材，注意了语言结构的安排，但对功能意念项目考虑不足，也会失去系统性。功能-结构型的教材，注意了功能意念项目及系统性，但对语言结构安排不足；题材型的教材，可以照顾语言形式的系统安排，又能适当地安排功能项目，是编写教材较好的设计形式。

6.教师和学生的角色定位

在交际法中，教师的作用是多方面的。教师既是组织者，安排全部的教学活动；在教学活动中又是顾问，回答学生提出的问题，观察学生的表现；同时也是交际者，不时与学生用英语进行交际。教师的职责是使学习变得更加容易、有趣。从这个意义上来说，教师也是学生学习的提供方便者。学生主要是以交际者的身份参加学习的。

7.母语的作用

母语在交际法中没有特别的作用，英语是交际活动中唯一的语言。教师在解释课堂活动和布置作业时也往往使用英语。支持交际法的学者认为，要使学生明白英语不仅是一个学习的项目，而且是进行交际的工具。但有些学者认为，有时谨慎地使用母语也是可取的，但要合理、适当地使用。

8.教师对待错误的态度

学生作为学习者，对英语的理论知识和运用能力必然是有所欠缺的，犯错也在所难免。学生学习英语的过程，其实就是不断完善自身英语结构的过程。因此，教师作为教学活动中的引导者，要帮助学生克服对英语交际能力的胆怯心理，鼓励学生尽量用英语进行交际。即使学生在交际过程中犯了某种语法错误，只要不影响交际的进行，教师也不用急着打断学生，可以等交际结束后再加以纠正。

（五）情境法

情境法的影响较大，现在许多学校仍在使用按它的原则编写出来的教科书、工具书和字典。虽然情境法和听说法的理论基础是一样的，但两者的特点却是迥异的，情境法更加强调语言在情境中的应用。

1.语言和语言学习的观点

情境法的语言观是建立在英国结构主义基础上的。情境法认为，学生应在情境中通过口头练习来不断学习和巩固自身的语言结构。

2.教师的教学目的

使用情境法的教师希望通过英语教学培养学生四种基本的语言能力，即听、说、读、写能力。学生要想掌握这四种基本的语言能力，就要掌握语言结构，而要想掌握语言结构，就要进行大量口语训练。

3. 主要的教学活动和特点

情境法的教学活动可以概括为：提出情境，学习语言；听说领先，反复操练；书面练习，巩固结构。

教师首先根据课本中提供的图画（情境）向学生说明将要学习的内容。其次是听力训练，听对话或课文的朗读（或录音）。由于教师要求学生合上书本去听，所以在这一阶段，学生只接触到声音符号和图画提供的信息，没有与文字符号打交道。最后，教师开始对课文或对话进行讲解，并要求学生弄懂新的词汇和语法结构。

在教学过程中，教师应尽量用英语来授课，如果遇到较难讲解的知识点，也可用母语来表达。教师应在学生理解课文内容的基础上，用课文里的重点结构来训练学生。在训练过程中，教师可以向学生提供一定的语言线索或创设一种特定情境，把控训练的内容，学生则应当按照教师的要求去练习。

在优先培养学生听说能力练习的基础上，教师也应该适当地安排句型转换、造句等写作练习，以使学生巩固学过的知识。

4. 对学生能力的培养

情境法有六大特点，其中两个特点是：①语言教学始于口语，材料在以书面形式呈现之前是口头讲授的；②一旦有了足够的词汇和语法基础，就会引入阅读和写作。

通过解读以上两个特点，可以得知：虽然情境法的目标是培养学生听、说、读、写的能力，但是它强调的重点仍然是听和说的能力。在主张情境法的学者看来，口语是四种能力中排第一位的，是教学中应该重点强调的方面。

5. 教学材料的设计

情境法的教材在编写方面有两个明显的特点：①按照语言项目的出现频率选择词汇和语法项目，常用的先安排，先教授；②按照从简单到复杂的原则安排和组织教学内容。

6.教师和学生的角色定位

在情境法的教学中，教师是课堂活动的设计者和指挥官，也是学生语言学习的榜样。作为课堂活动的设计者，教师不仅要适时调整当前的课堂活动，还应该根据学生在活动中的表现，来设计下一堂课的活动情境；作为课堂活动的指挥官，教师应严格把控课堂活动的进程和变化，保证学生正确的学习方向；作为榜样，教师的语言结构和表达能力是学生模仿的标准。

7.母语的作用

在情境法的课堂中，英语是教学语言，教师使用英语组织教学、解释语言项目和布置家庭作业。但在解释语言词汇或结构时，或碰到一些难以解释清楚的项目时，教师也会使用母语进行讲解。

8.教师对待错误的态度

语音和语法方面的准确性是十分重要的。因此，在教学过程中，教师应想方设法避免学生犯错。如果学生犯错了，教师应及时予以纠正，以便使学生养成良好的语言习惯。

第二章 英语词汇教学理论与实践

第一节 英语词汇教学的主要内容和存在的问题

一、英语词汇教学的主要内容

英语词汇教学的主要内容是什么？在一般的英语教学实践中，词汇教学主要包括有关词形、词义、单词发音和用法的讲解、操练和活动等。也就是说，词汇教学就是为了帮助学生认识、了解和掌握目标单词的词形、词义、发音、用法等。

（一）词汇意义

由于母语与目标语之间存在较大的差别，从语义角度上看，一些词汇的含义就其内涵、外延而言在两种语言中有着不同之处。词汇教学的首要任务就是让学生知道所学单词的意思。

一个单词的意义往往离不开语境，特别是在课文中，是受上下文制约的。在教学中，教师应通过各种手段使学生了解语义和语境之间的关系。

例如：make up 编造；组成；化妆

make a difference 有影响；起（重要）作用

make a face 做鬼脸

make a promise 答应；允诺

make off 逃走；逃跑

以上都是由 make 构成的词组，然而与不同的单词搭配，在不同的语境中有不同的含义。所以，教师应使学生明白：单词是没有固定含义的，单词的含义要根据具体的语境来判断。

英语中一些近义词意义的辨析，对学生来讲是非常困难的，教师帮助学生辨析这些词义也是词汇教学的一个重要任务。如汉语的"战斗"可以用英文 fight、battle、struggle、war、campaign、combat 等表示，这些词意义相近，但是词形和具体用法又各有不同，较难辨析。教师在教学过程中可教给学生一些同义词、近义词辨析的技巧。

（二）词汇场合

不同的词汇用于不同的场合，同一词汇在不同的场合中意义也不同。例如，我们常用 hot 形容温度很高，天气很热，但在"When things got too hot most journalists left the area."中，hot 的意思是艰难的、棘手的、危险的。

（三）词汇信息

词汇信息主要包括词类、前缀、后缀、发音和拼写等。这些是学生应该掌握的最基本的词汇内容，掌握这些内容有助于学生正确理解词汇意义，有助于学生了解词类的构成方法，有助于学生记住一类词的拼写。例如，常见的前缀有 de-、dis-、en- 等，常用的后缀有 -able、-acity、-ing 等，这些词语的前缀、后缀可以和很多词语组合成为意义不同的新词。

（四）词汇用法

词汇用法就是各类词的不同用法，如名词的可数和不可数，动词的及物和不及物，及物动词应接什么样的宾语等。

二、英语词汇教学中存在的问题

（一）学生方面

许多学生把大量的时间花费在词汇背诵上，不过盲目地背诵词汇，不仅学习效率低，所达到的学习效果也不好。有些学生背单词时不留意单词之间的衔接和上下文的内容，只记住单词的一个或两个中文意思，不知道其固定搭配、习语和常用表达，结果只能读懂文章，而在写作或口语中不知用哪个词更准确、更地道。学生应该明白，单词的意义其实是从完整的语句中获取的，即使机械记忆的单词量再大，如果不能通读文章，从全文的角度去理解，也无法真正提高外语水平，所以学生要掌握行之有效的词汇学习策略。比如不要只停留在对词汇读音、拼写的掌握和基本意义的理解上，要能够准确地把握语境，深入理解词的关联意义，即内涵意义、文体意义、情感意义和搭配意义。

（二）教师方面

首先，教师要转变自己的教学思想，不要觉得学习和记忆词汇只是学生的事。许多教师在讲解课文时，重视句子和篇章的讲解，即便是拿出课堂时间讲授单词，也只是停留在单词读音、基本用法等表层，对词语缺乏系统、深入的讲解，也不会帮助学生形成适合自己的、行之有效的单词记忆方法。教学实践证明，教师联系语境进行词汇教学，往往能达到事半功倍的效果。

其次，教师在讲解词汇时忽略了文化教学。文化辨析是词汇教学的一个重要组成部分。英汉两种语言代表着两种不同的文化，教师在讲解词汇时不进行文化辨析会直接影响学生对单词意义的理解，甚至影响学生第二语言的习得，因此，有必要进行文化教学。

第二节 英语词汇教学的原则

一、直观性原则

在英语教材中特别是基础英语教材中，很多词汇都是与我们的现实生活密切相关的，教授这些单词最好的方法就是直观教学。教师可使用真实事物标本、模型、图片等，然后配合表情、手势进行词汇教学，使实物、动作、表情、声音与词汇符号相连，以直观、生动、形象地展示词汇的意义。用这种方法进行词汇教学，不仅能使学生印象深刻，而且有助于加深学生的记忆。有些心理学家认为，通过观察事物和场景来学习词汇可以激发学习者的兴趣，加深学习者的记忆。这是因为用这种方式学习单词后，学生很容易"触景生情"，也就是说，学生再次看到事物或场景后，大脑记忆会被激活，会回忆起学过的单词。

直观教学的类型包括实物直观教学，模象直观教学和言语、动作直观教学。

1. 实物直观教学

实物直观教学就是教师注意利用教室内的环境就地取材引导学生灵活借助教室内的事物进行学习，或者教师上课之前准备好所需要的物品直观呈现语言项目进行教学。

2.模象直观教学

模象即事物的模拟性形象。模象直观教学不像实物直观教学那样用实实在在的事物来帮助教学，教师可运用图片、表格、模型、幻灯片和视频等来呈现语言项目，使学生通过关注一些模拟形象来进行学习。

3.言语、动作直观教学

言语、动作直观教学即教师运用听、说、唱、做、演、画等方式，通过生动的语言、形象化的动作等吸引学生注意力，使学生较快理解单词，识记语言项目。

直观教具的运用，可以使教师充分调动学生的多种感官参与学习，提高教学的直观性，使学生在看得见、听得到、摸得着的教学过程中习得英语词汇，发展思维，培养能力。

二、三维途径原则

每个人都有不同的学习英语词汇的方法，学术界将其概括为三个维度：直接词汇教学、附带词汇学习和自主策略开发。所谓直接词汇教学就是有目的、有针对性的特殊词汇教学。它的方式通常是讲解、说明词汇的语义、发音、结构、用法等，然后让学生进行练习。与有意学习相比，附带词汇学习是一种间接的词汇学习方式。它主要是指学生在其他学习活动中，如看英语电影、听英语歌曲、与人进行英语对话等，意外地、自然地习得英语单词。自主策略开发是指有意识地使用和优化词汇学习策略以扩大英语词汇量。

一般认为，直接词汇教学是一种传统的教学方法，附带词汇学习和自主策略开发是近年来的研究成果。有学者认为，对于学生来说，明确词汇学习策略是非常重要的。研究表明，上述三维词汇学习方法对英语词汇学习非常重要。一般来说，在学生英语学习的初级阶段，直接词汇教学更为重要。随着学生基本词汇的不断扩大，附带词汇学习和自主策略开发将逐渐成为词汇学习的主渠道。

三、直接法和间接法相结合原则

在听、读活动中，教师可采用直接法和间接法相结合的形式教学。二语习得理论表明，语言习得的一个必要的条件就是要获得丰富的可理解的语言输入。而在听、读活动中学习词汇意味着用间接的方法学习词汇，这是一种附带式的学习，比如学生可以在听、读中根据上下文提供的线索推测生词的意义，这就是在听、读的过程中进行了词汇的学习。这需要学生懂得如何使用相关知识和策略去达到目的。在猜测词汇的意义之后，学生还应该关注猜测的结果是否正确。为了核实自己的猜测是否准确，学生可用查字典、问教师、问同学等方式。

如何通过听、读活动鼓励学生附带学词汇？教师可向学生提供生词率为2%左右的语言输入，不宜提供生词率过高的语言输入。如果想让学生复习巩固词汇，教师还可以向学生提供无生词或陌生短语的新材料，让学生聆听或阅读含有"旧"成分的"新"材料，以提高学生学习的兴趣和动力。

四、语境原则

传统的词汇教学通常是先教词的读音、拼写，再解释词的构成及其语法，然后罗列词的各种意义和用法，最后进行造句练习。这种将单词的读音、拼写、语法、意义、用法和运用相互孤立的教学很容易使学生感到枯燥无味，不仅不利于学生理解和掌握所学的词汇，而且很容易使他们对英语学习失去兴趣。语言学家吕叔湘先生说："词语要嵌在上下文里头才有生命，才容易记住，才知道用法。"而且在实际的语言交际中，人们表达思想一般都是以句子为单位的，而词只是句子的组成部分。同一个词在不同句子中或语境下其意思是不同的。

因此，词汇的教学不应该是孤立的，而要与句子、语段的教学结合起来，还要借助情境。借助一定的情境进行词汇教学，学生能更好地理解词汇的意义，掌握词汇的用法。在特定情境中呈现新词，词与句、句与语篇密不可分，使学生对词的意义、用法、搭配和句法功能有一定的认识。此外，除了在课文提供的语境中教授词汇外，教师还可以创设适宜的情境进行词汇教学。

1. 情境造句

教师可以创设文字情境或动作情境，自己先示范，然后让学生根据提示和示范，在情境里进行造句练习。

2. 情境录音

教师在教授一个新的单词或短语之前，可以先播放一个与词语有关的录音，让学生猜测将要学习的单词。教师公布答案之后，可以再放一次录音，让学生细细体味，加深对词语的理解。如教授单词 noise（噪声）时，教师可先播放课间学生们的打闹声、菜市场摊贩们的吆喝声、汽车的鸣笛声等，然后向学生提问。

五、复现原则

复现是词汇复习的一种方法,即学习者学过一种知识之后,在脑子里再次呈现这种知识以加深对它的记忆。有研究认为,学生要想真正掌握一个词,需要接触该词 5~16 次。教师应充分了解词汇复现的重要性,在教学中及时采取有效措施复现教过的词汇,以帮助学生加深记忆。

1.及时复习

由艾宾浩斯遗忘曲线可知,学生学过的东西,20 分钟之后忘记 40%,当天忘记 70%,第二天忘记 75%。也就是说人们对记忆内容的遗忘呈现"先快后慢"的规律。如果学生学习了一个新的词汇之后不马上进行复现,或者很长时间之后再进行复现,这时他们已经忘记很多或者完全忘记,这样进行复习的话就会需要很长时间而且复习效果不会特别好。相反,如果在学习单词以后的一个星期内能够复习 2~3 次,则可使记忆率保持在 95%。对于今天学习的新内容,学生当天晚上一定要复习;之后,隔一天复习一次;再之后,隔两天复习一次。总之,越往后,复习的时间间隔逐渐加长,直到这种知识清晰地印在脑子里。

2.分散复习

分散复习是相对于集中复习来讲的,分散复习就是把复习时间分散在不同的时间段,而不是集中在一起进行高强度的专门复习。很多学生习惯在考试前突击背单词。这种方法只能解一时之急,并不十分可取。有研究表明,分散复习比集中复习效果好,复习的频度也不宜过密。集中复习不仅容易造成学生大脑疲劳,记忆效果降低,而且容易让学生感觉到枯燥,失去复习兴趣。教师可要求学生配备单词、短语积累本,记录需要掌握的"积极词汇"的相关信息,如单词的词义、词性、重要搭配、固定表达,以及相关例句等,以便分散复习。

3.开展记忆词汇的教学活动

单词的复现不能仅仅依靠形式单一的复习,教师还可以运用多样化的复现方法,比如组织词汇竞赛活动。笔者常用的词汇竞赛活动形式有以下几种:

第一,在规定的时间内,看哪位/组学生能用最多的本单元词汇编成一个故事。

第二,在规定的时间内,让学生用本单元任意两个单词造句,看哪位/组学生造的句子最多。

第一,让学生用本单元 5~10 个单词/词组编故事,看哪位/组学生的故事最有新意。

第一,从本单元中任选一个单词/词组,让学生组成一个有意义的语篇,看哪位/组学生做得最快最好。

4.多接触英语

提高英语单词复现率的最好方法是多多练习,因此教师应该尽可能多地为学生提供练习英语、运用英语的机会。单词记不住,不会用,归根结底还是用得少的缘故。课堂上多用英语的关键是学生积极参与课堂活动,主动和同学进行对话练习。只有参与大量的课堂活动,学生才能在学中用和在用中学,才能记得牢,用得好。

此外,教师还应拓展让学生在课下练习英语的渠道,如让学生听英语广播、看英语电影、阅读英语书籍、参加英语角活动等。

六、文化性原则

语言是文化的载体。词汇结构、搭配等都与语言背后的文化有关。语言和文化相互作用。在不同的语言中,很少有意义完全相同的词。因此,要理解语言，就必须理解文化，而理解文化也离不开语言。英语词汇具有丰富的文化内涵。在教学中，教师可引导学生了解相关词汇的文化特征，并对英汉词汇进行跨文化比较。词汇教学不能只停留在词汇的字面意义，还要引申到文化方面，包括特殊文化背景、一般文化背景和相通文化背景等。

第三节　英语词汇教学的研究

一、基于元认知理论的词汇教学研究

（一）元认知理论概述

元认知是美国心理学家约翰·弗拉维尔（John Hurley Flavell）于20世纪70年代提出的概念，即对认知的认知，是指"任何以认知过程和结果为对象的知识，以及任何调节认知过程的认知活动"。该概念的提出引起了认知心理学家和教育心理学家的浓厚兴趣。大量研究表明，元认知对于理解有效学习是大有裨益的。元认知能力包括元认知知识、元认知体验、元认知监控等元素。

元认知知识包括个体元认知知识、任务元认知知识、策略元认知知识以及上述三种知识之间的相互作用。具体到学习，个体元认知知识是指作为学习者的个体（自身和他人）的知识，包括对个体内差异、个体间差异，以及影响认知活动的各种主观因素的理解。学习者对个体的信念会影响他们在任务中使用的方法。任务元认知知识是学习者对任务特征和相应信息处理要求的理解。策略元认知知识是关于应该采取哪些策略来完成学习任务及其有效性的知识。

元认知体验是人们在从事认知活动时所经历的认知和情感体验。它可能高于意识水平之上，也可能是潜意识的水平；生成时间不确定，可能发生在认知活动之前、当中和以后。

元认知监控是指认知主体在整个认知活动过程中，以其正在进行的认知活动为意识对象，有意识地、主动地对其进行反馈和调节，以达到预期的目的。它包括制订计划、实际控制、检查结果和采取补救措施。

上述三个元认知要素不仅有所不同，而且相互联系。元认知知识是元认知体验和元认知监控的基础；元认知体验可以导致元认知知识的修正；元认知监控可以激发新的元认知体验，丰富已有的元认知知识。

（二）基于元认知理论的词汇教学策略

1.丰富元认知知识

（1）个体元认知知识

在词汇教学中，教师应引导学生了解自己的认知能力和特点。记忆对词汇学习非常重要。根据认知加工层次理论可知，单个单词可以在形式和语义的浅层和深层进行加工。记忆痕迹的持久性与加工深度有关，即加工深度越深，记忆效果越好。只有那些经过更为复杂和深入的认知分析的产品才能轻松存储。提炼是输入刺激和原始经验之间的关联、具体化和抽象的过程。在词汇教学中，教师应引导学生进行语义加工，如激活同义词、反义词及其相关的词语搭配，形成语义网络，利用已有的知识、经验和能力积极构建知识体系。

（2）任务元认知知识

在研究词汇知识时，有学者提出学习者必须了解目标词的词形、句法约束、搭配、语用功能和词义，才能全面掌握一个词。笔者认为，新词语的教学可以从三个维度进行：词形、词义和词义关系。词汇不仅包括单词，还包括词汇短语。词汇短语是一种词汇，是一些长度不同的语言片段。词汇短语应该是词汇教学的中心。

（3）策略元认知知识

在教学过程中，教师应及时教授词汇学习策略，帮助学生找到合适的词汇学习策略，运用记忆策略和元认知策略来学习、使用词汇。词汇学习策略的掌握和运用有利于学生词汇能力的发展。为了使学生在词汇学习中有效使用各种词汇学习策略，教师不仅要教会学生什么是策略以及如何使用策略，还要教会学生如何更有效地使用策略。例如，猜测词义是词汇学习中的一种常见策略。在教学中，教师可通过上下文线索、构词法等来引导学生猜测词义。

2.强化元认知体验

元认知体验贯穿整个认知活动，教师应该帮助学生制定和确立短期和长期的词汇学习目标和计划。在词汇学习中，学生常常因为忘记或不能自由使用词汇而感到焦虑。教师不仅要注重词汇知识的输入，还要通过各种教学活动激活学生已有的词汇知识，不断加强新旧知识的联系，让学生通过大脑已有的知识结构来重构新知识。例如，让学生根据主题进行单词联想，形成一个相互关联的语义场；鼓励学生在交流活动中使用词汇，如复述阅读文章等。

3.加强元认知监控

学习过程不仅是一个识别、加工和理解学习材料的认知过程，也是一个主动监控和调节学习过程的元认知过程。学习能力不仅体现在对所学材料的感知、记忆、理解、想象和思考上，还体现在对上述活动的积极监控和调节上。监控和评估词汇学习的全过程也是元认知的核心作用。在词汇学习过程中，学生要学会及时体验、评价和反馈各种学习情况，自觉评价自己对词汇知识的掌握情况，及时发现问题，不断纠正错误，并将自己的思维活动调整到最佳状态，从而有效地实现预定的目标。

元认知监控过程具体包括：教师应指导学生制订具体的词汇学习计划，包括词汇选择、时间安排、采用的策略等；然后让学生根据既定的计划朝着既定的目标积极发展。

二、基于自我效能理论的词汇教学研究

如何提高英语教学实效日益得到人们的关注，许多学校和英语教师对此进行了积极探索，并且取得了一定的效果。笔者认为，可以将心理学上的自我效能理论运用于英语教学，通过学生自我效能的培养来提高英语教学实效。

（一）自我效能的理论概述

社会学习理论的创始人阿尔伯特·班杜拉（Albert Bandura）从社会学习的观点出发，在 1977 年提出了自我效能理论，用以解释在特殊情境下动机产生的原因。自我效能感是个人对自己完成某方面工作能力的主观评估。评估的结果如何，将直接影响到一个人的行为动机。自我效能理论是指人们对成功完成特定任务的能力的认知判断和信念。自我效能理论强调主体基于认知的内部因素对心理活动的影响，强调主体在思维和行为上的主动性的重要性。自我效能理论一经提出，就引起了动机心理学家们的极大兴趣。自我效能理论已广泛应用于学校教育、卫生等领域，具有很强的实用价值。学生自我效能感是自我效能感在学校教育领域的主要应用。它是学生完成相关活动和任务的自我效能感，表现为学业自我效能感、认知自我效能感和自我调节自我效能感。

学业自我效能感是指在学习活动中对学生学习和作业能力的评价。班杜拉将学业自我效能感定义为"个人判断自己组织和实施行动过程以实现预定教

育成就的能力"。一些研究者认为,学业自我效能感包括两个相对独立的维度:学习能力自我效能感,即个体对是否能够成功完成学业、取得好成绩和避免学业失败的判断;学习行为自我效能感,即个体对是否能够采取某种学习方法来实现其学习目标的判断。

认知自我效能感是指对学生完成学习任务和满足日常生活要求的认知能力的判断。重点是对个体完成学习任务的认知能力进行主观评价。它不仅可以通过影响思维质量和所获得的认知技能的良好使用直接影响学术行为,还可以通过增强问题发现和解决的可持续性,在学术行为中发挥重要作用,最终影响学术表现。

调节自我效能感是指个体相信他们有能力使用各种调节技能来调节学习活动或其他活动。以往的研究表明,学生对调节动机和学习活动的有效性的信念越高,他们就越相信掌握学术科目的有效性。

自我效能感会对学习者的学习产生全方位的影响。第一,自我效能感会影响学习动机。一般来说,自我效能感高的学习者倾向于选择更难、更具挑战性的活动;自我效能感低的学习者恰恰相反。第二,自我效能感会影响学业情绪。自我效能感低的学习者容易产生压力、焦虑、抑郁和恐惧等情绪,而自我效能感高的学习者则充满自信。第三,学习者的自我效能感会影响学习者对学习行为的调节。自我效能感高的学习者往往会设定更高的学习目标、更高的自我评价标准,能进行更容易的自我监控、更有效的学习时间管理,还能积极地使用学习策略等。第四,自我效能感影响学习者的最终学业成就。我们不难看到自我效能感在基本认知技能的获得、成绩测试等中的重要作用。

(二)基于自我效能理论的词汇教学策略

既然自我效能练对学习者的学习有着重要影响,那么教师就可以通过增强学生英语学习的自我效能来促进其对词汇的学习。笔者认为，可以从以下五个方面入手。

1.让学生体验成功

不少学生之所以对英语词汇学习不感兴趣是因为很难体验到英语词汇学习的成功。因此，英语词汇教学应实施成功教育，使学生体验成功，增强自我效能感。在英语教学过程中，教师首先要根据学生的能力水平和个体差异设定不同的难度目标。课堂上设定的目标应该能被大多数学生达到，并且初始目标必须是容易实现的，这样，学生才能有更多的机会体验成功。其次，要形成灵活多样的评价机制。在评价学生的英语词汇学习时，教师不仅要关注词汇的数量，还要关注词汇的质量。最后，教师应该对学生的词汇学习给予反馈。如果学生在英语词汇学习方面取得成功，教师应及时给予肯定和表扬。

2.为学生提供榜样

教师可为学生提供英语学习的榜样，以提高学生英语词汇学习的自我效能感。在英语词汇教学中可以以教师为榜样。英语教师要树立正确的词汇学习态度，展现出对英语词汇学习的自信、兴趣和技能，并要与学生建立良好的师生关系。为了充分发挥教师的积极影响，教师还要注重与学生的心理交流。

3.使学生合理归因

归因是指人们对他人或自己行为原因的推论过程。美国心理学家韦纳（B. Weiner）指出，人们对自己行为结果的归因有三个维度：内部归因和外部归因，稳定性归因和非稳定性归因，可控制归因和不可控制归因。内因，指存在于个体内部的原因，如人格、品质、动机、态度、情绪、心境以及努力程度等个人特征。如将行为归因于个人特征，称之为内归因。外因，是指行为或事件发生的外部条件，包括背景、机遇、他人影响、工作任务难度。如果将行为原因归于外部条件，称之为外归因或情境归因。结果的不同归因将直接影响人们的自我效能判断和未来行为倾向。一般来说，将成功归因于能力或努力有助于提高自我效能感，而将失败归因于努力不足或其他外部原因并不会降低自我效能感。因此，在英语词汇教学中，教师应引导学生做好归因，将英语词汇学习的成功归因于能力或努力，将失败归因于努力不足或外部因素。最好引导学生将学习的成功和失败归因于内部可控因素，即努力。这有助于学生从自己身上找到原因，增加或不减少他们对成功的期望，从而提高他们的自我效能感。

4.进行有效的激励

积极反馈是提高英语学习自我效能感的重要条件。因此，英语教师首先应该尊重学生，让他们意识到这一点。这不仅可以激发学生的学习兴趣，也会影响学生的自我评价。一些特殊专业（如音乐、体育、美术）或敏感学生对此特别关注。无论任何时候面对怎样的学生，教师都应尊重学生。其次，教师应肯定、鼓励学生良好的英语学习行为。教师应积极关注学生的学习进度，给予必要的鼓励。对学生来说，精神或心理上的鼓励更有效。最后，教师的反馈应该及时。及时的反馈能够帮助使学生意识到自身行为与学习结果之间的关系，进而提高英语学习的自我效能。

5.营造良好的氛围

情绪状态会影响学生英语词汇学习的自我效能感。紧张的情绪状态或不良的生理状态不利于学生正确判断自己的能力。为了在大学英语词汇教学中取得实效，必须保证学生的情感状态和生理状态。大学英语教师应与学生建立良好的关系，精心设计课堂教学环节，营造积极轻松的课堂学习氛围，使学生保持良好的情绪状态和生理状态。

三、基于任务型教学法的词汇教学研究

（一）任务型教学法的理论基础

任务型教学从学生的基本心理需求出发，认为学习是满足个体内部需要的过程，在教学目标上注重突出教学的情意功能，追求学生在认知、情感和技能目标上的均衡达成。它强调教学中学生基本心理的满足，特别是归属感和影响力，具有较强的情感性。它强调教学只有创造条件，通过一系列任务的完成，满足学生的归属感和影响力，他们才会感到学习是有意义的，才会愿意学，才会学得好。任务型教学的整个教学过程都充满了情意色彩。"任务"作为整个教学活动的核心，通常分为两类：教学任务和现实生活任务。前者是一种基于功能的教学活动，旨在学习语言知识，如听力、阅读和写作等。后者是指通过课堂教学，学生可以直接用英语完成现实生活、学习和工作等各种任务，从而培养学生的英语应用能力。

任务型教学法与传统教学法的区别在于任务型教学法更注重信息的交流、真实的活动和大量的活动。有学者认为，教学任务应包括以下六个方面：任务目标、构成任务的输入材料、基于材料的各项活动、任务所隐含的教师的作用、任务所隐含的学习者的作用、任务所执行的环境。学生在完成任务的过程中进行互动，从而获得语言。

作为课堂教学的一种活动，任务型教学至少具备以下两个特点：以任务为中心，而不是以操练某种意义不大、甚至无意义的语言形式为目的；任务的焦点是解决某一交际问题，这一交际问题必须与现实世界有着某种联系，这种联系应该是具体的，贴近学生生活、学习经历和社会交际，能引起学生的共鸣和兴趣，激发学生积极参与的欲望。在任务型语言教学中，教师要从学生"学"

的角度来设计教学活动，使学生的学习活动具有明确的目标，并构成一个有梯度的连续活动。在教师所设计的各种"任务"中，学生能够不断地获得知识或得出结论，从注重语言本身转变为注重语言习得，从而获得语言运用的能力。

（二）任务型教学法运用到词汇教学的可行性

从认知心理学角度来看，学生英语学习和习得的过程一方面是学生通过完成任务不断地将所学的知识内化的过程，另一方面是学生在完成任务的过程中不断地将所学的知识表现出来的外显过程，而学生的主体性正是通过内化和外显的无数次交替而逐步形成、发展和完善起来的。因而，任务型教学能体现学生的主体性，是有效改变以往以教师讲授为主，学生极少有机会使用目标语进行交际的教学现状的最佳途径之一。由此看来，以任务为媒介开展教学不失为一种实践性很强的词汇教学策略。

（三）任务型词汇教学策略设计原则

要培养学生听、说、读、写、译五项技能的熟练运用，每一项技能都离不开词汇的运用。而在词汇教学方面，教师应首先明确教学目的和教学方法，只有这样，词汇教学才有可能达到预期的效果。任务型教学方式恰恰发挥了这一优势。教师在教学中根据课程需要设计不同的任务，把词汇学习寓于任务之中，使学生在完成任务的过程中不断利用已知词汇进行交流、互动，并在互动中积累新的词汇，从而轻松掌握单词。大体来说，词汇教学应遵循以下几项原则。

1.以学生为主体

教师在设计教学活动时，要时刻谨记以培养学生词汇运用能力为宗旨。教师可根据学生的年龄特征、认知结构以及生活经验等选择活动主题，再结合教学内容，创造性地设计贴近学生生活、学习经历和社会实际的任务活动，以激发学生的学习兴趣,激发学生参与的欲望。

2.言语、情境的真实性

任务的设计应以实际应用为出发点,给学生提供明确、真实的语言信息。语言情境、语言形式要符合交际的功能和规律,反映学生的现实生活,使学生在一种自然、真实的情境中体会和掌握词汇。

3.阶梯形任务链

任务的设计应从易到难,层层深入,形成从初级任务到高级任务的阶梯形任务链。高级任务涵盖主要任务,并形成由多个微观任务组成的任务链。教师应该先输入后输出,遵循听、读、说、写的设计顺序,循序渐进,设计任务,使学生体会和掌握词汇。

4.在做中学

在整个教学过程中,教师应引导学生通过完成具体任务来学习词汇,让学生通过完成特定的词汇任务来获得和积累相应的学习经验。在完成任务的过程中,学生除了学习词汇的相关知识外,还会增加对自然科学和人文科学知识的了解。

(四)基于任务型教学法的词汇教学策略

教师要想采用任务型词汇教学策略,关键在于设计出符合学生实际的各项任务。任务要恰到好处,既具有可操作性,又具有实际意义;既要让学生力所能及,感受到成功的喜悦,又要让他们经历一些挑战,体验失败的遗憾;既能激发他们的学习兴趣,强化他们的学习动机,又能挖掘他们的智慧潜能,帮助他们成为独立的学习者。具体来说,任务应包以下几个阶段。

1.准备阶段

课前,教师应根据教学目标介绍与课堂内容相关的话题,设置学生感兴趣的切入点,为下一个任务的实施做好准备,然后进入教材词汇准备阶段。教师可以使用视听设备让学生通过跟读、复读和大声朗读,对生词的声音、形式和意义建立初步印象,以便学生在听到或想说单词时能够迅速作出反应。

2.任务准备

当学生对提供的词汇达到一定熟悉程度时,教师即可进行任务的分配和布置。但应注意的是任务的设计、任务的选择、任务的执行等必须依据学生的实际情况,灵活开放,以人为本。当然,在实际的教学中,根据教学目标和教学内容的不同,教师可以采取多种多样的任务形式,或者将两种或两种以上任务形式结合,如单词串联、故事接龙、自编对话、奇思妙想记单词等。根据任务的不同以及呈现出的实际效果,教师可以将学生分成几组,以增加互动性和竞争性。在此阶段,教师要明确给出任务要求和规则,以便任务可以顺利高效地实施。

3.任务实施

任务实施是任务型教学过程中的一个重要环节。学生在基本熟悉所提供词汇的基础上,应充分发挥主观能动性,通过同学间的交流,不断完善旧的知识体系,建立新的知识体系,真正实现被动学习向主动学习的转变。实践证明,动手和用脑是学生学习的最佳方式。在任务实施过程中,教师应从传统知识传授者的角色转变为任务组织者和活动监督者的角色,鼓励和引导学生顺利完成任务,及时提供帮助。

4.任务结束及评价

任何任务的设置都是为了更好地实现教学目标,更好地激发学生的学习积极性,进而提高学习效率。因此,任务完成后,教师可以组织学生进行相互评价,并进行一些有针对性的测试,检验任务的效果,帮助学生及时发现自身问题。对于学生的错误,教师应及时指出,并给予有针对性和鼓励性的评价,以帮助学生建立和加深对词汇的理解和记忆。

（五）任务型教学策略的反思

实践证明，任务型教学策略对词汇教学有一定的成效，但是仍然存在一些问题。目前大多数的英语课堂人数较多，任务活动难以顾及所有学生。此外，任务型教学策略对自主学习能力强的学生帮助更大一些，对于自主学习能力弱的学生效果一般。这就要求教师考虑好如何在英语词汇教学中最大限度地调动所有学生的主观能动性，鼓励所有学生参与到任务中来；如何通过任务型教学策略培养学生的自主学习能力，让学生从知识的被动吸收者变为主动实践者；如何利用有限的课堂时间完成更多的任务，达到更好的教学效果。针对任务型教学策略，笔者提出以下几点建议。

1.教师要注意课堂总结

作为课堂的组织者和引导者，教师应及时对教学情况进行总结。内容方面应包括对学生成果展示的评价以及对学生所学单词用法的补充。对学生成果展示的评价要有针对性，要及时纠正学生在完成任务时所犯的错误，善于发现学生的闪光点并及时给予表扬，实践表明，鼓励性的评价有利于激发学生学习的热情。采用任务型词汇教学，并不意味着只依靠学生执行任务来完成词汇的学习。在学生任务结束之后，教师要及时补充学生所学单词的用法等，并将教学内容加以归纳总结，帮助学生抓住要点、难点。

2.任务要以学生的生活经验和兴趣为出发点

教师设计的任务要以学生的生活经验和兴趣为出发点，以激发学生学习词汇的积极性和主动性。教师也可选择贴近学生生活、学习经历的任务，使学生有话可说，让学生能够积极参与到任务中来。在完成任务的过程中，学生需要利用已有的经验对未知内容进行推测，发挥主观能动性，通过与小组成员的合作得出最佳结论。在词汇教学过程中，游戏是激发学生学习主动性的有效途径之一，如竞赛游戏利用小组成员之间的合作和竞争来取代枯燥的单词听写，使枯燥的词汇学习变得有趣。在充满乐趣的环境中，学生的学习效率会更高，效果会更好。

3.任务要面向全体学生

本杰明·布鲁姆（Benjamin Bloom）认为，教学既要考虑到每个学生学习的个体差异，又要最大限度地促进每个学生的发展。任务的设计除了要考虑学生的兴趣、情境的真实性，还要考虑任务的难度。任务难度过低，学生达不到训练的目的；任务难度过高，容易挫伤学生的积极性和自信心。因此，任务型教学策略的核心是要求教师根据学生的水平差异，设计不同层次的任务，力求使每个学生都得到发展，使每个学生都能感受到成功的快乐，从而产生持久的学习热情。

当然，教师也可以给所有学生同样的材料，但设计不同的要求，给予不同程度的帮助；还可以给不同学生不同程度的材料，使学生以小组为单位，各尽其职，发挥各自的优势和特长，执行共同的任务。

4.教师应为学生提供及时的帮助

作为完成任务的助手，教师应在完成任务后尽快回到学生身边，及时给予学生帮助，引导学生解决遇到的问题。在构词阶段，一些学生可能会有发音问题，或者无法理解某些单词的用法。此时，教师应及时提供帮助，否则会影响学生的学习积极性和任务效果。

四、基于交际教学法的词汇教学研究

（一）交际教学法的理论基础

交际教学法是英国应用语言学家克里斯多夫·坎德林（Christopher Candli）和亨利·威多森（Henry Widdowson）等人在 20 世纪 60 年代末创立的一种外语教学法。英国功能语言学家约翰·弗斯（John Firth）及美国社会语言学家海姆斯（Dell. H. Hymes）等人的著作为交际教学法提供了理论根据。

海姆斯首先提出了"交际能力"的概念。交际法是一种基于交际能力理论的外语教学方法。它注重培养学生在特定情境下正确使用语言的交际能力。威多森指出，当语言环境丰富时，与词汇和语法的交际功能相比，词汇是第一位的，语法是第二位的。在威多森看来，语法的功能是规范性的，词汇表达实际意义，语法表达关系意义。英国应用语言学家威尔金斯（D. A. Wilkins）将语言视为一种交际工具，并将这一概念应用于语言教学。他认为交际是第二语言或外语教学的目的。语言课程的教学大纲不应以语法为中心，而应围绕主题、任务或项目、语法概念和语用功能进行组织。交际法教学的本质是交际，交际活动不仅是语言学习的手段，也是语言学习的目的。这种交际教学理念体现了语言的本质、语言的规律和语言教学的根本目的。

20 世纪 70 年代后期，许多学者尝试将交际教学法引入中国。孙黎和辛斌对交际教学法进行了论述。史宝辉对交际教学法进行了探索。此后，交际教学法就开始影响中国的外语教学。

（二）基于交际教学法的词汇教学策略

在交际能力的培养中，掌握大量的词汇是先决条件，否则语言交际活动就难以进行。有学者指出，语言能力的培养是交际能力培养中至关重要的一环，而词汇则是交际得以进行的语言能力的核心部分之一。只有掌握了充足的词汇量，才能听懂他人的言语，才能读懂文章，才能表达自己的思想，也才能在交际中得心应手。人们在交际中面临的障碍大多是由词汇不足造成的，但是要提高学生使用词汇的能力，还需使学生在交际中学习词汇。

1.创设英语角，增加英语交际的时间和空间

提高学生英语交际能力不能仅仅局限于课堂教学，应尽可能地增加学生运用英语交流的机会，因此教师应引导学生经常开展英语角课外实践活动，或利用假期开展一些英语集体活动。

（1）师生英语交际

师生英语交际就是传授者与学习者之间的语言交际，英语教学过程是一个师生双边积极主动交流信息的过程。在教学过程中，要创设语言环境。教师尽可能用浅易的英语对学生进行指导和讲解，要求学生尽量用学过的英语与自己进行交流。

（2）对话交际

对话交际就是学习者与说话对象进行语言交际。课堂与课外的对话是培养学生熟练运用英语词汇的有效形式。因此，在教学中，教师要尽量运用学生学过的对话形式，为学生创造进行英语交流的机会。根据不同情境和话题，教师可以设置一对一问答、小组讨论、角色扮演、分组竞赛等交际活动。总而言之，教师可以用不同方式训练学生，使学生能正确、熟练地使用英语词汇，这样既有助于学生巩固新知，又激发了学生的竞争意识和参与意识。

交际策略的核心是通过一定的方式，将各种词汇学习内容转化为丰富多彩的交际活动。交际策略要求在课堂上创设生动活泼、直观形象的交际情境，从而激发学生的学习兴趣，使学生在具体而富有感染力的情境中进行语言交际。

2.利用多媒体创设交际情境

语言的交际必须在一定的语言环境中进行。学生好奇心强、乐于接受新鲜事物，因此采用多媒体手段创设真实交际情境能够激发学生使用目标词汇的兴趣。例如，学习 halloween（万圣节前夕）一词时，教师可利用多媒体营造节日气氛，让学生看穿装扮成各种可爱鬼怪的小孩、南瓜灯等图片，或者播放万圣节的相关视频，以激发学生学习的主动性和积极性。在这样的情境中，学生往往会自觉地进行视、听、说的练习，主动参与口语实践，这不但增加了学生的词汇量，而且有助于学生跨文化意识的培养。

3.创设游戏情境进行交际

游戏是活跃课堂教学的重要手段之一，既可以创造和谐欢乐的气氛，又能激发学生的学习兴趣，使学习变被动接受词汇为主动学习、应用词汇，对提高学生听说能力也有很大帮助。例如，在以食物为话题的单词竞猜游戏中，教师可指定一名学生想出一个与食物有关的单词，并给出一条提示，如"I'm thinking of something to eat."。然后，让其他学生通过问问题的方式来猜测该生所要提及的单词，如询问"Is it meat, vegetable or fruit?"。最后，让被指定的学生给出简短的答案，如"Fruit."。之后，教师可再依次指定几个学生。在游戏过程中，每个学生均可自由提问，直到猜出此词。

当然，通过交际策略学习词汇的具体方式不胜枚举，在这里就不一一列出了。但不论何种交际手段，都必须有平等开放的师生关系，坚持以学生为中心，充分发挥学生的主体性。课堂上，教师与学生之间的关系是创造语言情境的关键，它决定整个课堂的交际氛围。平等融洽的师生关系能缓解学生内心的紧张情绪，使学生在交际活动中更加活跃、主动，使教学取得更好的效果。

在游戏情境的交际过程中，教师应注意以下几点。

（1）不要有错必纠

学生在进行交际时，难免会出现一些错误，教师对错误的纠正要讲究方法，不要有错必纠，即错即纠，这样不但会打断学生的思路、影响表达，还可能挫伤学生的自尊心，打击学生学习的积极性。但这并不意味着教师对学生的错误放任不管。教师应在学生交流结束后，指出并纠正严重影响学生交流的错误、学生重复性的错误等，让学生有重点地改正错误。此外，教师纠正学生错误时应注意自己的态度。教师鼓励、宽容的态度往往是学生积极主动学习词汇的助推器，能使学生增强信心和动力。

（2）设计交际活动要难易适度

交际的目的是让学生能够在语境中较为轻松地掌握所学词汇的内涵、外延。因此教师在设计交际活动时，要考虑到学生的实际情况和话题的难易难度，让每个学生能够有事可做、有话可说，并让每一个学生都觉得"我能做""我会做"。如果交际情境设置过难或选择的话题难以引起学生共鸣，往往很难实现教学目标。

（3）避免同时教授一对反义生词。

在学习词汇时学生的记忆空间很有限，如果同时教给他一对反义词，他回想时混淆的倾向会更大些。因此，同时教授一对均为生词的反义词是不明智的做法。而当反义词中的一个是学生耳熟能详的词汇时，则另当别论。此外，对于多义词或兼类词，教师也应尽量避免同时教授。

4.利用词汇进行跨文化意识培养

语言的学习实际上也是一种社会文化的学习，词汇作为语言的基本单位也具有承载文化的特点。由于各国的历史、习俗、文化等原因，汉语与英语之间有不少文化障碍，如缺乏词汇对等性、缺乏习语对等性、缺乏经验对等性和缺乏概念对等性等。缺乏词汇对等性表现为英文中的一些词汇是由其国家或民族的特点和历史原因造成的,而在中国并没有此类事物,反之亦然。如 motel(汽车旅馆)和 hippy(嬉皮士),再如中国的"麻将",在对方语境中原来都是不存在的,缺乏习语对等性。例如:英文"The old man kicked the bucket.",如果不了解英语文化的人会将其翻译为"一个老人踢了一个桶",而实际上它的意思为"这个老人过世了"。缺乏经验对等性是指一个文化下存在的事物在另一个文化下完全没有,因为该文化下的人根本没听过或没经历过另一文化下的事物,导致交流障碍或理解错误,如当中国人和一个不了解中国文化的外国人说"相声"或者"二人转"时,在不解释的前提下外国人很难明白该词汇的含义。因此,教师应在英语课堂上随时把交际内容所涉及的文化背景知识一并传授给学生,并与母语中类似的情境加以比较,一来可以使学生正确理解语言交际;二来也可以加深学生对目标语文化的了解,培养学生的跨文化意识,使学生掌握地道的英语。当然,面对这种巨大的东西方差异,教师可以借助词汇交际平台拓宽学生的文化视野,也可以文化差异为话题展开词汇教学。

综上所述,语言能力在交际能力中的重要地位以及词汇运用能力在语言能力中的重要地位,使我们认识到大学英语词汇教学及词汇学习都离不开交际性。因此,教师在词汇教学中应时刻关注学生语言交际能力的培养,使学生自然而然地使用所学词汇表达他们的思想、态度、观点等。教师应为学生营造适宜词汇交际的环境,充分调动学生学习的积极性和主动性,使学生扩大词汇量,从而促进学生听、说、读、写、译技能的全面提高。

第三章　英语语法教学理论与实践

第一节　英语语法教学概述

一、语法和语法能力

语法与词汇一起构成了语言的基础,有着很强的稳定性,变化十分缓慢。语法所涉及的范围十分广泛,而且不同的学者对语法有着不同的看法。总体而言,语法实际上就是语言的组织规律,是人们组词成句,赋予语言意义并使用语言进行交际的一套规则。由此可见,语法是语言交际的重要规则,对交际起着重要的作用,如果忽视语法,那么交际必会受到影响。

英语语法教学的主要目的就是提升学生的语法能力,从而使学生可以有效地进行交际,因此这里对语法能力进行详细说明。

美国哲学家艾弗拉姆·诺姆·乔姆斯基(Avram Noam Chomsky)最早提出了"能力"这一概念,并提出了"语言能力"的概念。在乔姆斯基理论的基础上,海姆斯提出了"语法能力"这一概念。海姆斯认为,语法能力是影响交际能力的重要因素。继海姆斯之后,很多学者都对语法能力进行了研究。

卡纳勒(M. Canale)与斯维因(Swain)重新解释了"交际能力",并提出了复杂的框架,具体包含三个维度。1983年,卡纳勒将这一框架扩展为了四个维度,即语法能力、社会语言能力、语篇能力和策略能力。其中,语法能力是指对语言符号的掌握，是指与语音、语法、词汇等有关的知识，主要涉及的是准确理解，表达言语字面意思所需的知识和技能。卡纳勒和斯维因与海姆斯持相同的观点，认为语法能力是实现交际目的的必要条件，是交际能力的重要构成部分。

巴赫曼（Bachman）对卡纳勒和斯维因的"交际能力"框架进行了扩展，巴赫曼认为，语法能力主要涉及语言的形式和结构特征，具体由词汇、句法等方面的能力构成。

虽然上述学者对语言能力有不同的理解，并进行了不同的界定，但都仅限于形式和结构方面的知识，并没有涉及知识的运用。黛安娜·拉森-弗里曼（Diane Larsen-Freeman）指出，语言教学的目的是培养学习者具备准确、得体使用语言形式的能力。为此，拉森-弗里曼对"语法能力"的框架进行了重新建构。拉森-弗里曼曼的"语法能力"框架具体包含三个维度，即语言的形式、语言的意义和语言使用的条件。

拉森-弗里曼通过饼形图很好地说明了"语言能力"三个维度之间相互依存、相互影响的关系。拉森-弗里曼的"语言能力"既包含语言知识，又涉及语言知识的运用能力，将知识与运用很好地结合了起来。

马广惠和文秋芳认为，语法能力是领会语法知识与运用语法知识的总和。其中，领会语法知识主要涉及对语法知识的辨认，而运用语法知识则主要侧重构句层面上语法规则的具体运用。

虽然不同的学者对语法能力有不同的理解和解释，但对语法能力的认识一致。语言能力包含语言知识和语言运用两个方面，也就是既具有对语言自主规律性知识的掌握，又有能够操作语言进行输出，实现交际的能力。笔者认为，学生英语语法能力包括语法知识以及学生准确、恰当、得体地使用语法的能力。所以，学生英语综合运用能力的提升离不开对语法知识的掌握。

二、语法学习的影响因素

英语语法学习对于学生英语综合运用能力的提升、跨文化交际能力的培养至关重要,但英语语法学习又受多种因素的影响。影响英语语法学习的因素主要有以下几个。

(一)母语

学生在学习外语的语法系统时会受其母语语法系统的影响。英汉两种语言分属不同的语系,汉语属于汉藏语系,英语属于印欧语系,因此英汉两种语言在语音、词汇、语法规则等方面存在巨大差异。当学生学习英语时,汉语语法体系会对英语语法系统有着非常重要的影响,既有积极的影响,也有消极的影响。因此,学生应注意英汉语言各自的语法体系及其特点,尽量消除汉语语法系统的消极影响,合理利用汉语语法系统的积极影响。

(二)年龄

学生的年龄也是影响其英语学习的因素之一。一般而言,年龄较小的学生学习语法时,多采用感性学习模式。年龄较小的学生,往往依赖于直接的语言接触来学习英语。相较于年龄较大的学生而言,年龄较小的学生更擅长背诵和记忆。而年龄较大的学生在学习英语语法时更倾向于采用显性的学习方法,也就是我们经常说的理性学习模式。年龄较大的学生习惯于用逻辑思维的方法来应对语法学习,通过对各种语法现象的剖析以及大量的练习来掌握系统的语法知识,最终获得熟练应用外语语法的能力。

(三）语言接触

这里所说的语言接触是指与所学习语言接触的多少，即暴露在所学语言的影响之下的时间长短，这对该语言的语法教学有着重要的影响。相比较而言，学生在所学语言的环境下学习英语，要远比在母语环境下学习英语容易得多，进步也快得多。我国的学生除了在课堂上接触英语外，在平时的学习、生活中极少有机会接触英语，这极大限制了学生的英语学习，也限制了学生对英语语法的学习。

（四）动机

动机是影响学习者语法学习的又一重要因素。学生只有有学习英语的动机，学习热情才会持久。学生学习语法的动机主要分为两种：一种是以交际成功为目的，另一种是以融入目标语文化为目的。

拥有不同的动机，学生学习语法的态度不同，学习语法的方法也不同。如果学生学习语法的动机是实现成功交际，那么学生对语法学习的要求就会相对较低。在使用语言的过程中，他们往往只关注交际是否能够顺利实现，而不会过分关注语法的正确与否，更不会关注语言结构是否优美。相反，如果学生学习语法是出于融入目标语文化的动机，那么学生对语法学习的要求就会很高。这类学生一般追求语言的尽善尽美，较为关注对语法使用是否正确、结构是否优美等。

（五）语感能力

语感是指对语言的感知。它是一种特殊的语言感受，是人与生俱来或后天习得的。人对语言的天然亲和力、吸收能力、模仿能力、应用能力和灵感创造力都是语感的表现。语感是获得和发展语言智能的一种潜能,每个人都拥有这种潜能,但是每个人所拥有的程度不同,而且每个人对这一潜能的开发并使之成长为语言智能的机遇也不一样。语感能力是影响学生语法学习的重要因素。学生对英语的语感能力强,语法学习就会比较顺利。

(六)认同程度

所谓认同程度,是指学生对所学语言文化的情感态度。换言之,学生对所学语言文化是持认同、接受、欢迎、欣赏等积极的情感态度,还是持反对、抵制、回避、厌恶等消极的情感态度。积极的情感态度对于英语语法学习具有促进作用,而消极的情感态度则会阻碍英语语法学习。因此,在英语语法教学中,教师应引导学生培养对英语文化的认同感,从而促进学生的语法学习。

三、语法教学的内容

(一)词法和句法

初级阶段的语法教学内容包括词法和句法两部分。

词法可进一步分为构词法和词类。构词法是专门研究词形变化现象和规则的学问。构词法主要有合成法、转化法、派生法、混成法、截短法和词首字母缩略法等。句子是由单词构成,英语单词根据词义及在句子中的作用划分为以下十二类:名词、动词、形容词、副词、介词、代词、数词、量词、连词、感叹词、疑问词和冠词。

句法是研究句子的各个组成部分和它们的排列顺序的,句法研究的对象是句子。句法可以分为三大部分,即句子成分、句子类型和标点符号。句子成分是指单词、词组或短语在句子中所起的作用或功能，主要包括主语、谓语、宾语、表语、定语、状语、同位语、独立成分。依据不同的分类标准，我们可以将句子分为不同的类型。按目的，句子可分为陈述句、疑问句、祈使句、感叹句等；按结构，句子可分为简单句、复合句和并列句。主句、从句、省略句等也是与句子有关的内容。句法学习的内容还包括了标点符号。此外，词组的分类、功能、不规则动词等也属于句法的学习内容。

由于英语词法和句法知识具有零散性，因此教师在语法教学时要注重体系和系统。

（二）章法

学生学习了一段时间的词法和句法，掌握了基本的语法知识后，就可以进行章法的学习。章法的教学内容主要涉及句子之间的逻辑关系、篇章的结构逻辑等。例如，表示比较对照的词语，如 by contrast、by comparison、unlike 等，表示程序的词语，如 first、second、then、finally 等，都属于章法的范畴。

英语语法的内容十分繁杂，这也是在语法学习和使用中最困难的地方。因此，英语语法教学应该有一个核心，语法教学的核心是语法知识和技巧发展的基点。

四、语法教学的目标

丰富学生的语法知识，提高学生的语法能力，促使学生有效地进行跨文化交际，这是大学英语语法教学的主要目的。关于英语语法教学的目标，笔者所在学校的具体要求如下。

（一）入学要求

（1）能识别词类。

（2）区分名词的可数性和不可数性，区分可数名词的单、复数形式。

（3）基本掌握各种代词的形式与用法、基数词和序数词，常用介词和连词、形容词和副词的句法功能、比较级和最高级的构成及基本句型、冠词的一般用法。

（4）了解动词的主要种类、时态、语态及不定式和分词的基本用法，句子种类，基本句型和基本构词法。

（二）二级要求

掌握主谓一致关系表语从句、宾语从句、定语从句和状语从句等句型，直接引语和间接引语的用法，动词不定式和分词的用法，各种时态、主动语态、被动语态和构词法。

（三）四级要求

（1）熟练掌握主语从句、同位语从句、倒装句和各种条件句。

（2）初步掌握句子之间和段落之间的衔接手段。

（四）六级要求

较好地掌握句子之间和段落之间的衔接手段，如照应、省略、替代等。

（五）八级要求

（1）较好地掌握句子之间和段落之间的衔接手段，如照应、省略、替代等。

（2）熟练地使用各种衔接手段，连贯地表达思想。

第二节　英语语法教学的原则

英语语法教学应该在一定原则的指导下，以学生为中心，运用灵活多样的方法，使学生系统地掌握语法知识，并提高学生的英语综合运用能力。在教学改革的背景下，英语语法教学可遵循以下几项原则。

一、真实性原则

根据认知心理学的研究，当输入大脑中的信息具有趣味性、实用性并与日常生活相联系，那么人就会产生兴奋的情感，在进行输出活动时思维和行动就会比较活跃。所以，生动、真实的学习情境有助于学生快速接收信息，并能激发学生学习的积极性和主动性。因此，在英语语法教学中，教师应根据教学和学生的需要设计真实的交际任务和互动活动，这样学生可以在活动中直接感受语法。这样的话，对学生而言，语法不再是一些抽象的规则，而是真实交际中的一部分。

在设计任务和活动时，教师应注意突出具体的语言形式，提出更高的语言要求，以激活学生的语法能力，而不仅仅是词汇能力。当学生在交际活动中遇到语言形式问题时，教师也可抓住机会开展相应的语言形式活动。把语法教学与现实生活联系起来，有利于激发学生学习的积极性和主动性，促进学生的语法学习。因此，在英语教学中，教师应该设计一系列的教学活动，创造适合学生学习的活动环境，把语法知识与现实生活有机地结合起来，使学生能更好地学习语法。

二、以学生为中心原则

在建构主义理论的影响下，学习观出现了改变，学习不再被看作是单纯接受知识的过程，而是学习者一起参与各种学习活动的过程。培养学生的英语综合应用能力是英语教学改革的主要目的，因此英语语法教学应从"提供知识"向"展开活动"转变，鼓励学生积极参与，让学生在参与、实践和体验中建构语法知识，提高英语综合运用能力。也就是说，教师要以学生为中心，充分发挥学生的积极性，鼓励学生参加语言活动，引导学生发现语法规律，以激发学生学习英语的乐趣，开发学生的智力，提高学生的自信心，培养学生的自主学习能力。

三、系统性原则

语法是关于语言知识的系统描写，如果学生所掌握的语法知识不够系统，则不利于他们对语法知识的理解，也不利于他们对语言的灵活运用。因此，在大学英语语法教学中，教师应遵循系统性原则，引导学生及时总结和归纳语法知识，使之成为系统，使学生了解语法间的关系，从而触类旁通，在头脑中形成完整的语法体系和图式。

在英语语法教学中，教师要突出阶段性和系统性。结束某一阶段的教学后，教师就应引导学生全面系统地归纳语法知识，帮助学生建立结构完整的语言体系，让学生在新旧知识之间建立起联系，以已有知识作为新知识的"生长点"去建构新知识，以提高学生的语法能力。

四、交际原则

语言的功能是交际,所以语法知识的学习、语法能力的提高都是为了交际。胡文仲指出,在语法教学中,了解语法概念固然重要,但是只读语法书并不能真正了解语法概念,还必须不断地实践,所以学习语法并不是机械死板地背一些语法的条条框框,还应在实践中不断运用所学的语法知识。但目前的实际情况是,学生难以将所掌握的语法知识与实际语言使用结合起来,学用相脱节的问题十分突出。对此,在英语语法教学中,教师应变传统的语法知识体系为语法应用体系,不仅仅教授学生语法知识,还应将语法学习与语法应用结合起来,培养学生的语言运用能力和语言交际能力。

五、循序渐进原则

由认知心理学理论可知,人们对事物本质的认识并不是一次就能实现的,而是要经历一个由低到高、由浅入深、由简单到复杂的不断变化和反复巩固的过程。学生的语法学习也是如此,学生学习语法知识,即便是一个简单的语法知识,也不是一次就能掌握的,而是要经过多个阶段的巩固才能掌握。根据这一规律,教师在语法教学中应由表及里、由浅入深、由一般到特殊,循序渐进地开展语法。一个语法项目往往包含很多的内容,教师没有必要将某一语法项目的所有内容一次性都教授给学生,要注意条理性和层次性。此外,教师在教授语法点时要不断地循环往复,这种循环往复并不是简单的重复,而是根据具体情况有变化的重复。语法是抽象的规律,涉及范围较广,学生难以通过教师一两次的讲解就能掌握,而是要经过"认识—理解—掌握—运用"的过程才能形成长时记忆并将其掌握。

第三节 英语语法教学的研究

英语语法教学具有举足轻重的地位，但目前的英语语法教学进展却不尽如人意。有关人士调查分析了英语语法教学方法的现状，并在此基础上，结合实际的教学实践，探索出了有效的、切实可行的英语语法教学模式和教学方法。

一、英语语法教学现状

目前，交际教学的理念已被我国外语教学界广泛接受，交际教学法也已广泛应用于我国大部分英语课堂。许多教师认为，在英语教学中，主要是培养学生的语言交际能力，而语法教学则无关紧要。事实上，交际英语教学并不排斥语法教学。根据实事求是的原则，笔者就目前英语教学中语法教学的现状进行了调查，结果如下。

（一）新老教师面对新教材时所出现的问题

我国大多数英语教师长期以来都采用传统的教学方法和思维方式。新教科书与传统教科书大不相同，它打破了原有的教学体系，使教师们不知所措。有些老教师依旧遵循传统的教学方法，虽然他们有着坚实的基础和丰富的经验，但最终导致学生对课文的理解和语法知识的碎片化，使学生的语言综合应用能力难以培养。一些青年教师由于缺乏经验和技能，也无法适应新教材，主要表现为：交际教学模式不能被采用，学生的语言表达能力不能得到及时的锻炼；教学时经常出现语法错误，语法教学不能准确顺利进行，导致学生不能及时收到准确的语法信息等。

（二）交际法与语法教学的困惑

教师不理解新课程理念，不能正确处理交际法与语法教学的关系。一些教师只使用传统的语法翻译方法，自顾自地讲解，学生被动地接受教师教授的语言点，这不仅无法调动学生的学习积极性，也不能锻炼学生的语言表达能力和灵活运用知识的能力。一些教师只使用交际法进行教学，只注重交际，而不讲解相应的知识点，这使许多学生无法理解交际教学背后的隐性知识，难以掌握语法知识，无法提高语言应用能力。

二、语法教学模式

笔者总结出的语法教学模式是：现象列举—发现问题—要点归纳—练习巩固—灵活运用。在日常教学中，教师不应花费大量时间解释和练习每一个新的语法项目，而应根据教材编写者的意图为每个单元安排一定的时间，并采用"现象列举—发现问题—要点归纳"的方法突破单元的关键语法项目。一般说来，语法教学多使用归纳法。与演绎法相比，归纳法能激发学生参与学习活动的积极性，培养学生的观察、思考、分析和综合能力，提高学生的自主学习和探究学习能力。当然，教师还必须精心设计和巩固实践教学环节和实践应用环节。只有通过实际应用，学生才能真正掌握语法知识。

三、语法教学方法

(一) 任务型语法教学方法

建构主义学习理论认为,知识不是简单地通过教师的教学获得的,而是在一定的情境下,学生在已有知识和经验的基础上,在教师和学生的帮助下,使用必要的学习材料,通过人际合作活动积极建构来的。建构主义教学观的主要思想包括:注重以学生为中心的教学,注重结合实际教学,注重合作学习,注重提供充足的资源。

因此,在英语语法教学中,教师应给设计有针对性的任务,这些任务要比一般的实践活动更接近学生的实际生活。任务完成后,应该有一个大型活动来展示学习结果。在语法教学中,教师应设计一些任务,使学生通过完成任务掌握语言形式和语言规则。教师设计任务时,应注重以下两点:一是学生所学语法项的主要语言功能,二是学生感兴趣、熟悉并有话说。

(二) 探究式语法教学方法

建构主义学习理论认为,学生的学习过程是在教师创造的情境中,借助已有的知识和经验,积极探索、积极交流,从而建立新的认知结构的过程。建构主义学习理论主张学习是学习者主动建构自己的知识和经验,通过新经验与原有知识和经验的互动,不断丰富、充实和转化现有知识和经验的过程。建构主义学习理论强调学习的主动性。探究式语法教学强调以学生为主体,以问题为中心,以研究为手段,以实践为途径,以过程体验为重点,以培养学生的创新精神和实践能力为目的。

教师可根据所教班级的实际情况将学生分成若干学习小组,并指定 1~2 名英语成绩良好的学生担任组长和副组长。然后，在教师的指导下，学生围绕一定的语法内容查阅资料，收集、筛选、分析、处理和使用各种信息，通过小组成员的互动交流和相互学习，深入理解语言点。例如，在定语从句的教学中，笔者做了以下尝试：第一步是让学生在图书馆查阅语法书或通过互联网搜索以下问题：什么是定语从句？先决条件是什么？什么是关系代词？关系代词可以分为多少种？每个关系代词的用法是什么？第二步是让学生分组交流、补充和讨论。第三步是推荐具有良好表达能力和不怯场的学生在课堂上表演。第四步是对学生所说的内容进行必要的补充，对在本次活动中表现良好的学生给予适当的表扬，以鼓励和带动全班学生。

（三）归纳法

归纳即概括，就是从具体上升到一般的思维过程和方法。采用归纳法进行语法教学，就是学习者在进行特定结构使用前，先让他们接触一些例子，然后从中概括出该结构的相关规则，这是一个由特殊到一般的过程。采用归纳法进行语法教学，可以避免抽象枯燥的语法讲解，使学生从通过具体生动的语言实例中找出规律并在理解的基础上记住这些结构和规则。学生一旦养成寻找语言规律的方法，他们往往会将其运用到英语学习的全过程中，这将大大提高英语学习的效率。归纳法语法教学的运用可以分为三个步骤，即"观察—比较—归纳"。在使用归纳法时，教师可先让学生接触具体的语言现象，然后观察和分析，在教师的指导下找出规律，然后反复练习。例如，在虚拟语气教学中，教师先不告诉学生这是什么语言现象，只给出如下例句，让学生观察：

If he was here, everything would be all right.

What would you do if you were in his place?

通过观察，学生可以得出在非真实条件句中，表示现在及将来情况的虚拟语气，主句要用 would＋动词原形，从句要用一般过去式。如果是 be 动词，要用 was 或 were 的结论。然后教师给出更多的例句，让学生观察、讨论。然后进行反复的操练，使学生灵活掌握这一语法规则。

然而，归纳法也有弊端，如通常比较费时、创设语境较为困难、学生得出的规律不一定正确等。教师运用归纳法进行语法教学时，须注意这些问题。

（四）情境法

李吉林老师倡导的"情境"概念具有更丰富的内涵。情境是这个教学（教育）体系的中心概念（或范畴）。情境不仅适用于教学的初始阶段，而且贯穿教育教学的全过程；它不仅指主体的外部环境，也指主体的内部环境，并融入心理学领域；它不仅可以在课堂上创造，还可以把学生带到自然和社会的大课堂，让学生在真实的场景中感受、体验和思考；它既能激发学生求知求真，又能陶冶学生的情操，锻炼学生的意志。总之，情境教育的现状是多元的、多结构的、多功能的。中国学生学习英语最大的困难是缺乏真实的语言环境。因此，在英语语法教学中，教师可创设真实的情境，使语法教学更直观、真实、有趣。为了实现这一目标，教师可借助实物展示、图片展示、肢体语言等手段。例如，教师在讲授英语虚拟语气时，要表达"与现在事实相反的非真实条件句"时，可向学生呈现一个老人气喘吁吁地追赶一个小偷，彼此有一段距离的图像，同时播放老人发出的感慨"If I was a young man, I could catch him."，并将句子呈现在动画上方，通过视听结合的信息刺激学生的大脑，使学生理解这一抽象的语法知识。接着，教师可在电脑上键入几组与所示画面内容有关的非真实条件句，让学生按要求替换条件内容，并引导学生回答"If I drove a car…""If I ran faster…"。这样，学生初步了解了非真实条件句中的动词时态，为深入学习其他几种虚拟语气奠定了基础。然后，教师可以给学生布置一些选择性填空或辨别是非形式的练习，让学生在短时间内完成这些练习，以进一步加深记忆，巩固所学知识。

　　以上是笔者在实践中总结出的一些有效的、切实可行的英语语法教学模式和教学方法。但是教无定法，教师应针对不同的教学目标、教学内容，根据学生的具体情况，选择合适的大学英语语法教学模式和教学方法。

第四章 英语听力教学理论与实践

第一节 英语听力教学的内容和目标

一、英语听力教学的内容

（一）听力基础知识

1.语音知识

语音知识是听力的基础，句子的重音、节奏、语调等语音知识的掌握程度直接影响着学生对听力材料的理解。由于英汉语言之间存在诸多差异，我国学生在英语听力过程中经常会受母语的影响，因此学生需要具备一定的语音知识才能适应英语的节奏、语调等。汉语的读音是由拼音标出的，英语的读音则是由音标标出的，学生必须掌握英语的音标和单词的读音，教师在英语听力教学中必须加强对学生语音基础知识的培养。

2.语言知识

语言知识是指学生对英语语言体系的了解程度。语言能力是交际能力发展的基础，学生如果不了解英语句子和语篇的基本结构和特征等知识，就无法理解所听到的内容；学生如果不能根据具体的语言环境、话题、交际对象与目的选择适当的语言表达形式，就无法进行语言交际。因此，语言知识是听力教学的基本内容，掌握语言知识是学生理解听力材料的前提。

3.语用知识

语用知识是指根据交际意图和环境因素来正确运用语言所应具备的知识。语用知识也是听力教学的重要内容，学生如果缺乏语用知识，会很难理解说话者的真正意图。

（二）听力理解

听力理解内容的讲授旨在提高学生的理解能力，帮助学生理解所听的内容。听力理解既是自下而上的意义解码过程，又是自上而下的意义阐释过程，还是二者相结合的过程。听力理解也是英语听力教学的重要内容。

（三）听力策略

英语听力水平的高低不仅取决于学生掌握的英语基础知识的多少，还取决于学生掌握的听力策略的多少。有时听力材料的信息比较多，学生需要运用自己的知识和策略将材料中的重要信息筛选出来。针对不同的听力材料，教师应该教会学生使用不同的听力策略。听力策略主要包括猜词义、听关键词、听过渡连接词、预测、推断等。掌握正确的听力策略，可以有效提高听力理解的能力。另外，学生应该掌握一定的记笔记技巧，以快速记录有效信息。

（四）交际信息

所谓交际信息，是指谈话中信息的指示语、话题转换的指示语、话题终止的指示语等。交际信息还包括语篇中的逻辑指示语、衔接语等，这是学生理解文章内容和结构的关键，也是帮助学生提高英语听力水平的一个重要因素。英语语感也是英语交际信息的一部分，如果教师在英语听力教学中注重学生英语语感的培养，就能够提高学生对听力材料的理解速度。

二、英语听力教学的目标

不同阶段，英语听力教学的目标不同，下面以大学英语听力教学为例进行简要阐述。对于大学英语听力教学目标，《大学英语课程教学要求》作出了详细的说明，具体分为以下三个层次。

（一）一般要求

第一，能听懂英语授课。

第二，能听懂日常英语谈话和一般性题材的讲座。

第三，能听懂语速较慢的英语广播和电视节目，并能掌握其中心大意，抓住要点。

第四，能运用基本的听力技巧。

（二）较高要求

第一，能听懂英语谈话和讲座。

第二，能基本听懂题材熟悉、篇幅较长的英语广播和电视节目，能掌握其大意，抓住要点和相关细节。

第三，能基本听懂用英语讲授的专业课程。

（三）更高要求

第一，能基本听懂英语国家的广播电视节目，并掌握其中心大意，抓住要点。

第二，能听懂英语国家人士正常语速的谈话。

第三，能听懂用英语讲授的专业课程和英语讲座。

第二节　英语听力教学的原则

英语听力教学需要在原则的指导下进行。在英语听力教学过程中，教师应遵循以下原则。

一、循序渐进原则

学习并非一蹴而就的，而是一个循序渐进的过程。听力学习也是如此。在英语听力教学中，教师应注意循序渐进，针对学生的不同学习阶段选择合适的听力材料，听力材料的难度由易到难，并兼顾多样性以及真实性。

在英语听力教学的初始阶段，教师应选择吐字清晰、语速较慢的材料，避免过度夸张的语音、语调，以免误导学生；听力的内容也应该贴近真实的生活，调动学生听的欲望。随着听力教学的不断深入，教师可以适当提升听力材料的难度，这样才能有效地提高学生的听力水平。

二、交际性原则

培养学生的英语交际能力是英语教学的最终目的。英语听力教学也应将其作为教学目标，遵循交际性原则。在英语听力教学的过程中，教师应严格要求自己，做到发音准确、语速正常，以身作则，更好地引导学生使用英语来交际，这对学生进行听力活动具有积极的意义。

三、听觉与视觉相结合原则

英语听力教学还应做到听觉与视觉相结合,教师要引导学生注意视觉信息与听觉信息。

(一)引导学生关注视觉信息

在英语听力教学中,教师可以运用图片、图表、文字等工具为学生提供视觉层面的信息。很多人认为,听力理解的信息应是听觉信息,但是那些与听力相关的图片、图表、文字等也有助于学生的听力理解。例如,在英语新闻报道中,电视屏幕下方的新闻关键词对理解新闻信息就起着重要的作用。同样,那些与听力内容有关的图画或画面也会对理解听力材料带来一定的帮助。

在英语听力教学中,教师应运用各种方式来引导学生注意视觉信息,使学生准确理解听力材料信息,逐渐提高学生的听力水平。

(二)引导学生关注听觉信息

听觉信息主要包括语气和语调两个方面。对于同一句话,不同的人往往会使用不同的语气与语调讲出来,语义也可能有所不同。

在一些情况下,学生可能不太理解所听材料的内容,但可以借助语气、语调会来推测话语的意图,如是喜悦语气还是悲伤语气,是幽默语气还是愤怒语气等。因此,教师应为学生选择一些语气与语调各异的听力材料,使学生逐渐将语言材料的内容与语气、语调结合起来,形成图式,同时将图式内化到该材料知识体系中。

第三节　英语听力教学的研究

一、英语听力教学面临的问题

当前，英语听力教学面临非常严峻的局面，解决英语听力教学中存在的问题是非常迫切的。例如，听力在大学英语教学中越来越受到重视，各种英语水平测试，包括英语四、六级，专业四、八级，以及出国人员英语水平测试，都以听力测试为重点。然而，学生能够阅读的材料可能不一定能够理解，听力水平的提高远比阅读能力的提高困难。因此，如何上好听力课，全面有效地提高学生的听力水平是主要的教学课题之一，也是整个英语教学中一个非常突出的问题。随着新教材和新教学方法的应用，英语听力落后的状况得到了改善。然而，从各种英语测试中可以看出，学生的听力仍然薄弱，这影响了学生将来使用英语工具获取所需信息。因此，课堂听力和口语训练是教学中不可缺少的一部分。笔者结合个人教学实践，试图从以下几个方面对英语听力教学进行分析和探讨。

（一）基本语言问题

有些学生在第一次学习英语时没有掌握单词的准确发音，识别同音词比较困难。许多学生的英语发音也带有很强的地方口音。此外，大多数学生对英美发音的差异知之甚少。在美式英语和英式英语中，虽然单词的意思和拼写相同，但发音不同。因此，不熟悉英美语音差异的学生会有英语听力障碍。词汇和语法知识的缺乏也会直接影响学生发音的准确性。

（二）文化背景知识问题

在听力教学中，由于缺乏文化背景知识，学生在听力理解和交际中经常遇到障碍。中西文化在价值观、世界观、文化背景、社会习俗和行为方式等方面存在着巨大差异。例如，中西方的交际术语和词汇不同，反映了不同的社会文化习惯和民族文化特征。如果学生缺乏这方面的知识，其听力理解就会受到影响，听力教学也就无法取得良好的效果。

（三）听力习惯问题

听力的主要目的是理解材料的基本思想。在听力过程中，要尽量理解全文的主要内容，不要试图理解每个单词和句子。有些学生在遇到不懂的单词和句子时都会停下来思考，因此他们跟不上听力材料播放的速度。当学生遇到快节奏的听力材料时，他们会感到紧张和困惑，因为快节奏的听力材料不可避免地会有语音和语调的变化，如持续阅读、弱阅读、重音转移等。许多学生在听到语音信息后，经常受到母语的干扰，习惯用汉语逐字翻译。他们不能直接将语音信息进行转换，不能用英语思考，这会影响反应速度和记忆效果。

二、解决英语听力课教学中问题的对策

（一）正音正调，使学生过好语言关

在听力教学之初，学生首先要充分重视语言知识。正音是基础，突破地方口音是正确发音的重要环节。语音基础直接决定着语音语调的质量，因此我们应该重视对语音的研究。语音语调是表达人们思想感情的重要手段之一。同样的单词和句子，用不同的语调表达，有完全不同的内涵和意义。事实上，重音和语调是听力中最重要的线索。

为了解决由于英式英语和美式英语发音不同而导致学生听力困难的问题，教师应引导学生比较英式英语和美式英语的一些关键差异，并列举大量发音和语调变化的例子，如爆破、连读、弱读、重音转移，使学生能够反复模仿、训练和掌握两种发音规范，形成一定的语感，进而进行全面的语音训练。另外，要注重阅读技能的培养和训练，鼓励学生多记单词。

（二）视听结合，听写结合，听说结合

在听力教学中，灵活运用幻灯片、投影、电视图像等视觉手段创设情境，可以帮助学生形象思维，促进学生的理解，让学生用简单的符号、缩写或关键词进行训练，使学生能识别、解答相关问题，并在很大程度上弥补了短时记忆的不足。同时，注重长句和短文的听写训练，提高了学生对长句的记忆和反应能力。听、说、读、写是一个有机的统一体。在听录音前后，教师应组织学生练习口语，包括回答问题、描述文字、讨论和复述，以充分调动学生眼、耳、口、手等感官的加工功能，促进学生对听力材料的理解和应用。

（三）重视非语言知识即背景知识的传授

在注重纯语言知识的解释的同时，教师不能忽视非语言知识即背景知识的教学。语言是文化的载体，要增强英语听力，学生必须具备一定的英美历史、语言和文学知识。语言的社会性决定了文化习俗在交际中的重要性，对语言意义的理解在很大程度上取决于对文化传统和习俗的理解。教师应努力将教学内容与知识拓展相结合，加强学生对教学内容的理解、消化和吸收。在注重纯语言知识讲解的同时，通过多种渠道向学生介绍英语国家的政治、经济、文化、历史、地理、风俗等知识，激发学生的学习兴趣，增加学生大脑中有用信息的储备，不断拓展学生的文化背景知识，消除因风俗习惯差异造成的听力理解障碍，提高学生的听力理解能力。

（四）培养预测联想能力

在听力教学中，教师应善于引导学生有目的地利用大脑中储存的原始背景知识进行选择、整理和处理，培养学生的分析、预测、推理和判断能力，即培养学生捕捉重要信息的能力。教师应要求学生在获得主题后快速浏览材料，捕捉材料中的所有信息，预测内容，并在听前做好准备。例如，在听对话时，要求学生注意联系对话的上下文，并弄清对话者的意图。掌握关键词有助于预测、记忆和理解听力材料中的具体细节。即使遇到一些障碍，学生也可以通过预测和联想对听力材料有一个大致的理解和判断。这在一定程度上改变了学生的被动局面，调动了学生的积极性，有利于取得满意的听力教学效果。

（五）重视材料的真实性

听力材料应该选择真实语境中的语言，即真实材料，而不是"人工"材料。所谓真实材料，就是普通人用普通的方式说普通的语言。著名教育家克莱尔·克拉姆什（Claire Kramsch）创造了一个轻松愉快的学习环境，帮助学生消除紧张情绪，使学生对教学内容和方法有积极的体验，最大限度地调动了学生的积极性，激发了学生的兴趣。他反对精心改编的非自然语言材料，强调教科书编写的真实性，提倡在日常交流中使用真实自然的语言。英语听力教学必须使学生在自然环境中理解交际内容，在使用教材的过程中强调学生对文本的反应。将现实生活中的视听资料引入多媒体教材中，充分利用声音、文字、图像、视频等使学生集中精力学习，对教材作出积极反应，从而更好地体现教材的真实性和丰富性，使学生能够听到和学习真实的语言，为学生以后对英语的实际应用打下良好的基础。

(六) 培养学生对听力的兴趣

兴趣是入门的向导,培养学生的听力兴趣是关键。首先,教师应在课堂上用生动的语言进行讲解,创造一个手势、表情和动作相结合的场景,这将有助于培养学生的兴趣。其次,教师应注重趣味性教学,激发学生的情感,让学生听英语故事、讲英语笑话、唱英语歌曲。这些都是引导学生倾听的有效方法。英语歌曲一般具有悦耳、旋律优美、歌词生动等特点,因此听英语歌曲往往是练习听力的好方法。如果可能的话,教师可以从许多来源收集听力材料,如英语节目的录像,观看英语节目可以帮助学生形成良好的英语语感。除了直接的措施,创造一个轻松愉快的学习环境,帮助学生消除紧张情绪,使他们对教学内容和方法有积极的体验,最大限度地发挥学生的听力主动性,也能激发学生对听力的兴趣。

总之,听力教学是一项实践性极强的教学活动。不仅需要为学生安排有益于提高听力水平的针对性训练,还必须注重相应的学习方法和技巧,帮助学生找到听力理解中的不足,并采取针对性措施。学生只有处于良好的语言状态下,才能快速提高自己的听力。

三、英语听力教学的新方法

听力理解是一个积极构建意义的复杂认知过程,它要求听者积极思考所接收的声音符号。在英语听力教学中,信息认知模式、语篇理论和图式理论具有一定的指导意义。教师应促进学生加快双语转换,扩大短时记忆能力;培养学生的话语意识和话语能力；帮助学生在长期记忆中激活相关背景知识，最终提高学生的听力水平，增强学生学习英语的信心。

首先，对一门语言来说，口语是第一位的，听是接收语言信息最常见的方式。根据交际方式的不同，听力理解可分为传达式听力理解和交际式听力理解。传达式听力指听者在非合作语篇下的听力理解过程。在传达式听力理解过程中，信息主要是说话人和听话人之间的单向传递过程。认知心理学家发现，听力理解不再被视为一个被动的接受过程，而是一个主动的意义构建过程。在听的过程中，人们积极地预测、筛选、解释、记忆、储存和总结进入听觉系统的信息。在交际式听力理解过程中，听者通过积极的思维活动重构所接收的声音符号的语义。

接下来，笔者将基于信息认知模式、语篇理论和图式理论探讨高校英语听力教学方法。

（一）强调双语转换速度，把握关键词

认知心理语言学家约翰·罗伯特·安德森（John Robert Anderson）将信息处理过程分为感知、分析、运用三个阶段。

学者们对第二语言学习者声音思维的研究证实，学生在听力理解中使用的大脑活动过程与安德森描述的理解过程是一致的。因此，听力理解的过程也包括感知、分析和应用三个阶段。在感知阶段，听者对接收到的声音信号进行双语语义转换，以快速反映母语的含义。由于声音较短，当信息在感官记忆过程中停留不超过 4 秒时，听者必须根据实际值判断输入信息，并将文本中的关键词转换为短期记忆。在几秒钟的感觉记忆阶段，听者应该从大量信息中选择与当前任务相关的重要信息，即总结从材料中听到的关键词。在分析阶段，选择的重要信息被编码并存储在短期存储器中，停留时间仅为 10 秒左右。在此阶

段，听者通过同义替换来理解关键信息。听众可以通过速记延长关键信息的保留时间，增加记忆容量，从而对同义替换内容作出准确判断。通过对听力教材和英语四级考试听力真题的研究，笔者发现超过三分之一的听力问题涉及两种能力的使用：定位关键词和澄清同义词替换。学习者通过感觉记忆找到选项中的关键词，然后根据问题选择答案。

实践证明，学习者通过定位关键词作出的选择中，有70%～80%是正确答案。理解同义替换比定位关键词更困难。学习者将从感觉记忆中选择的关键信息放入短时记忆中进行加工，并准确判断同义替代。

（二）强调衔接词的作用，加强宏观意义理解

从20世纪60年代诞生至今，语篇理论在外语教学中得到了广泛的应用。国内许多学者将语篇理论引入外语教学，探索语篇理论在英语写作、阅读和英汉翻译中的应用。一些学者也尝试将语篇理论应用于听力教学。文本是一种自然语言，不完全受语法约束，它在一定的语境中表达完整的语义。语篇通常是指由一系列连续的对话片段或句子组成的整体语言，它们应该具有语义一致性、逻辑合理性和形式一致性。长对话和短文听力材料具有语义一致性、逻辑合理性和形式连贯性，符合语篇的特点。语篇理论主要是以韩礼德提出的第三种元功能——语篇功能为理论基础的。语篇功能指的是人们在使用语言时怎样把信息组织好，同时表明一条信息与其他信息之间的关系，显示信息的传递与发话者所处的交际语境之间的关系。

衔接和连贯是语篇分析的核心内容。语篇的连贯是通过衔接手段实现的。逻辑联系语是表示篇章成分之间的衔接手段之一，通常包括表承接的并列连词and，表转折的并列连词but、连接副词however等。在听力语篇中，出现频率最高的衔接手段是逻辑联系语。逻辑联系语也是听者最容易辨识的符号。在表

衔接的逻辑联系语中，表转折的并列连词 but 和连接副词 however 后通常是语义的重心所在。

听力理解所获得的信息不是对听力材料字面意义的简单补充，而是对全文意义的概括，即宏观结构。根据新的听力考试形式，试卷上只提供选项，没有问题，播放听力内容后，逐个播放问题。听力理解的难点在于如何在只播放一次的情况下抓住细节信息的关键点，然后根据问题对选项作出准确的判断。此外，在听的过程中，大脑一方面要处理先前的信息，另一方面要获取后来的新信息，注意力很容易分散，很难形成准确的记忆。因此，教师应培养学生边听边记简单笔记的能力，通过速记关键信息点呈现文本结构，实现文本信息的整合，从而准确把握细节信息。大学英语听力教学应从"词与句"转向"语篇"。

在听力教学中，教师应注重培养学生的话语意识和话语能力，加强速记训练。在速记过程中，记录关键信息、忽略无关信息是浓缩文本微观结构、总结文本意义的关键。

（三）强调背景知识作用，扩大知识面

图式是认知心理学中的一个术语，它最早由伊曼努尔·康德（Immanuel Kant）在其哲学理论中提出，后来引起认知心理学家的极大兴趣。图式理论强调背景知识在听力理解中的重要作用，即输入信息与听者头脑中已有知识的动态交互作用。听者大脑中的相关图式为理解文本内容提供了参考和指导，图式存在于听者的长期记忆中。听力理解不是被动接受的过程，它要求听者分析、推理、判断和总结所接收的声音符号。背景知识，即图式，对听力理解，尤其是推理和判断起着积极的作用。听力教学中的图式可分为语言图式和内容图式。

在听力教学中，语言图式是指听者掌握的语音、词汇和语法等基本知识。语音方面包括爆破、连续阅读、弱阅读、同化等，其中连续阅读在听力理解中

起着重要作用。如果不能充分掌握这些语言图式，它们将成为理解对话、散文和新闻等复杂内容的障碍。

听者头脑中的相关内容图式在一定程度上有助于理解和判断。在英语听力教学中，教师应引导学生在平时的实践中进行广泛的探索，拓展知识面，在听力练习中善于联想，并利用长期记忆中的相关知识合理推断输入的新信息。此外，教师应加强对听力材料中所涉及的社会文化背景知识的灌输，关注科技、风土人情、人民生活、历史地理、生态环境保护、文化教育、社会问题、人口控制和英语国家的生活方式，并尽可能将教学内容与知识的扩展结合起来。听力学习方法的有效性是认知、训练和语言的结合。美国宾夕法尼亚大学结构语言学博士尤金·菲尔德（Eugene Field）指出："严格地说，策略是弥补性的，随着听者听力水平的改善，策略越来越少被运用。"

因此，学生不仅要强化运用听力方法的意识，还要加强语言学习，不断提高听力理解能力，增强英语学习的信心。

第五章　英语口语教学理论与实践

第一节　英语口语教学概述

一、英语口语教学的概念

随着社会的发展，英语口语教学已成为英语教学的核心部分。对于英语口语教学的概念，应先从"口语"的定义开始研究。口语是人与人之间面对面的口头表达的语言，是人类社会使用最频繁的交际工具。在社会发展的初期，语言是以口语的形式出现的。口语先于书面语出现，促进了语言的发展。口语和书面语的区别在于口语的交互性比书面语强。

口语是一种面对面的交流形式，通过话语转换，使得交流不断进行下去，需要运用非语言形式的补救策略。大量的口语是无计划、无准备的，具有即时性和不可预测性，而书面语通常是有计划、经准备而形成的。口语比书面语更依靠交际时特定的情境和场合，书面语语体一般比口语正式。

口语能力也被称为口语表达能力，包括口语技能及口语能力两个因素。前者表现为口语的实际表达状态，后者则体现为对前者的潜在制约。另外，口语技能又是从语言知识的掌握到口语能力形成之间的必需技能，技能的形成对口语能力的发展起着重要的促进作用。口语又分为主动口语和被动口语。

主动口语是指"说"，是表达言语的输出或释放过程；被动英语口语是指

"听",是理解言语的输入或吸收过程。主动口语是在被动口语的基础上发展起来的,它们在口语交际中有着密切的联系和不同的行为过程。我们可以从三个方面来描述一个人的口语能力——语言能力、语用能力和策略能力。一个人的口语交际能力包括：发音、语调、语法和词语的运用；掌握语言规则,了解语言的文化特点,能够在特定场合或社交场合正确使用成语和正确的文体；熟悉沟通策略,能够运用会话技巧和非语言手段克服因语言能力不足而造成的沟通困难。

口语交际有即时性的特点,在特定场景下,说话者无计划、无准备,往往依靠交际时的即兴思维进行口头表达,有不可预测的特点,常常会出现尴尬的局面和思维短路的现象。所以,口语教学不仅为学习者提供了可理解性输入材料和可理解性输出的机会,而且提供了一系列的交际策略。英语口语教学研究包括语言学和应用语言学两个范畴。

英语口语教学必须为学生提供丰富的交际场景,促进教师与学生之间的交际、学生和学生之间的交际。交际策略的定义是：当某语言使用者在话语计划阶段由于自身语言方面的不足而无法表达其想要表达的思想时所采取的策略。交际策略具体包括争取思考时间、迂回表达、非言语行为辅助、选择习惯的词语和句型及英语口语简化等。这些交际策略对英语口语学习者来说并不是自身所具备的能力,英语口语教学要为学生提供交际策略。在实际的交际过程中,语言实体只是交际的一部分,交际策略把语言连接并传递给交际对象,从而达到交际的目的。

英语口语教学是第二语言学习的范畴,教师在教学过程中应充分考虑中西思维方式的差异、跨文化交际及母语负迁移的影响。中西思维方式受地理、文化、历史及生活环境的影响,存在很多不同之处。思维和语言互相影响、互相制约,语言的实际运用很大程度上是思维的具体体现,思维差异会造成语言理解的分歧，会造成语言规则的混淆。文化语境也会对语言交流产生影响，不同文化背景的人对事物有不同的认识，表达的观点和方式也会产生差异。在国内教学环境中，母语负迁移会对英语语音、词汇意义、语法结构的学习造成障碍。

综上所述，要想解决以上问题，英语口语教学就要以语言教学为核心，兼顾策略培训、思维训练、文化习得等多维度的教学内容。

二、英语口语教学的内容

从信息加工的角度来看，口语表达是一个动态、双向的语言信息传递与交流的过程，它涉及口语信息发出者、口语信息和口语信息介绍三者之间的互动关系。在口语教学过程中，不仅要强调语言输出，还要注重学生语言输入和语言理解加工过程的培训。因为在口语交际过程中，任何信息都是建立在"可理解性"的基础之上的。说话者首先要接受对方所传递的信息并进行信息加工理解，然后才能输出对方可以理解的信息，其中涉及语音、语调、词汇意义、语用知识、文化及思维习惯等各方面的因素。

由于口语能力呈阶段性渐进发展，因此在不同阶段必须采用与其发展要求相适应的训练手段，通过训练培养学生的口语技能并逐渐发展学生的口语能力。口语教学过程可分为三个阶段："潜口语"期、口语能力构建期、口语策略发展期。

第一个阶段强调语言的可理解性输入，这是学习者习得语言的重要时期，这一过程可以延伸到口语教学之外，英语学习者在学习英语课程以前的一切语言输入都可以作为这一阶段的外延。

第二阶段则强调语言的可理解性输出，在这一阶段，"对话练习""场景练习""主题演说""问题辩论"等口语教学的强化手段是教学的重点内容，这些练习方法为学生提供了构建口语能力的框架，学生通过"练习"和"构建"的反复循环过程建立自己的英语思维习惯，思维影响语言的构成并促进口语交际的发展。

第三阶段是语言的内化和提升阶段。这一阶段仍然强调练习，但练习难度提高，目的是锻炼学习者口语交际的应变能力和实际操作能力，预测交际场中的未知困难并提供可解决的交际策略。高水平的英语口语交际应该具有本族语的思维习惯，只有这样才能够灵活地运用英语语言环境中的交际策略，达到成功交际的目的，这也是英语口语教学的目标。

英语口语教学区别于其他英语教学环节，教师在教学中要注意口语的言语行为功能特点，即要向学生强调口语的言语行为功能——通过特定的语言表达特定的功能。主要功能包括：问候、介绍、告辞、请求，致谢、赞美、祝贺、道歉、原谅、建议，同意与不同意，批准与不批准，承认与否认，同情、鼓励、申诉、劝说、允许、许诺，等等。口语的语体特点是英语口语教学区别于其他英语教学环节的主要因素，口语中较多地使用短语、并列从句、问答与祈使句，并且允许出现重复、停顿、补充、修正等策略。口语教学强调口语受到年龄、性别、文化、情绪等因素的影响，因而英语口语教学不是单纯的语言领域的教与学的过程，而是一个包罗万象、涉及语言综合运用的教学过程集合体。

英语口语教学要重视学生的知识训练、知识重建、知识内化与知识外现过程。其中，培养学生的语言能力和交际能力是口语教学的首要任务。口语学习没有捷径，关键在于训练，这种训练需要自主意识的控制，因为这是一个以自我表达为核心的认知与实践的过程，外在的强化因素只能起到辅助作用。口语教学要兼顾学生的语言条件、思维方式、心理素质以及环境氛围等各方面的因素，在实际的口语教学中，要把以上因素纳入英语教学实践和课程内容设置中，要把解决这些问题作为英语口语教学不可缺少的内容。由此可见，英语口语教学并不是简单的语法传授，而是全面提升口语表达能力的教学过程。

三、英语口语教学的理念

英语口语教学应该遵循"以人为本"的教育理念，充分考虑"学生因素"，做到以学生为中心，激发学生的学习热情，培养学生的学习情感。

首先，口语课堂应该以轻松愉悦的课堂氛围为主，以枯燥乏味的知识习得为辅。教师可以设置鼓励学生积极参与的课堂活动，让他们产生心理的满足感和自信心，然后逐步加大话题难度并辅以知识讲解，既让学生有学习知识的满足感，又让学生体会到用英语沟通和交流的乐趣。

其次，在课堂教学中要注意培养学生自我管理的意识。口语学习不能仅仅依赖课堂活动，几十分钟的课堂实践是有限的，对于口语学习而言，练习力度是远远不够的，需要学生做课外口语练习的"主人"。在教学实践中，教师要给学生充分的练习自由度，让学生自己选择话题，选择练习时间和场地，进行实际的口语操练。

再次，英语口语教学必须立足口语输入和口语输出的模式，任何非口语形式的输入必然会导致学生非口语化的输出，这也是口语教学的一个误区。人们往往认为口语就是语言的表达，任何形式的语言输出都可以称得上口语练习。

最后，在口语教学中要充分利用网络和多媒体教学环境。英语口语教学需要大量的语言知识输入，不论是声音形式、文字形式、图像形式，还是视频形式，都会对口语教学产生积极的辅助作用。

四、英语口语教学的意义

听、说、读、写是英语学习的四项基本技能,而英语口语教学在整个英语教学中发挥着重要作用,主要体现在以下几个方面:

首先,英语口语教学是提高学生英语语言应用水平的主要手段。在英语学习中,语言学习可以分为输入和输出两个阶段。英语口语的练习是重要的输出手段,也是英语语言应用的主要表现。一个英语学习者英语水平的高低,在很大层面上可以通过其英语口语表达的准确度、流利度、得体性等来体现。所以从这个角度来看,英语口语教学是提高英语语言学习者语言应用能力的重要方式与手段。

其次,英语口语教学有助于促进其相关语言项目的教学。在整个英语教学过程中,口语教学并不是孤立的,它需要同语法教学、听力教学、写作教学有机地融合在一起。通过科学有效的英语口语教学,可以更好地促进其他相关领域教学水平的提高。所以,通过加大对英语口语教学的重视程度,也有助于提升英语整体教学水平。

最后,英语口语教学有助于提高学生的英语学习自信心。在整个英语学习过程中,具备英语学习的自信心是英语学习者提高英语学习能力的基本前提。很多学生对英语产生了畏惧心理或者英语学习的信心不足的一个主要原因,就是他们觉得自己的英语口语表达得不够流利、不够地道。因此,通过科学的英语口语教学,帮助学生进行良好的言语表达,可以有效地提升他们学习英语的自信心,从而使他们在英语学习的道路上走得更远。

第二节 英语口语教学的原则

一、以理论为指导，以训练为主线

英语口语教学是一个以理论指导教学实践的过程。在此过程中，教师应积极学习系统的理论知识，不仅要了解课程标准的新要求和教材的新变化，还要认真研究教学对象的特点，包括学生的语言基础、语言学习能力、学习动机、心理障碍等。以理论为指导的口语教学应以学生的口语训练而不是教师的讲解为主。学生的口语实践是课堂教学的主要内容。

二、以学生为中心

英语口语训练本身就是一种双边活动训练。它的效果不仅离不开教师的组织和指导，还取决于学生的主观努力。在培养学生语言能力的实践中，主体是学生而不是教师。教师的作用是引导学生用正确的方法仔细观察和分析，并随时帮助和鼓励学生。除了必要的启发、提示、归纳和总结，教师还应学会保持"沉默"，减少"说"的时间，增加学生"说"的分量，克服固有的以教师为中心的教学思想，给学生足够的时间参与语言实践，从根本上确立以学生为中心的思想。

三、课内带动课外,课外丰富课内

众所周知,要想真正提高学生的英语口语能力,不可能只依靠课堂学习,还需要坚持课外训练。课外活动的丰富和实践领域的广泛表达可以有效弥补课堂训练的不足、范围的局限和教学形式的单调,使课外活动成为课堂口语教学的实践、补充和发展。在二者结合的过程中,教师应处理好课外训练任务与监督检查的关系,同时要坚持课外活动多样化的原则,通过课堂与课外活动的结合,使学生的英语口语训练走上良性循环的轨道。

四、训练检测与现代化教育技术手段相结合

英语口语教学的课堂效果评价和学生实际口语应用能力水平是教师在教学过程中必须掌握的重要方面。学生水平测试无疑是一种重要的信息反馈,是教学的一面镜子。它反映了教学效果的质量,是提高教学质量的可靠依据;它还能使学生正确了解自己的口语学习情况,鼓励和督促他们提高训练效果。为了获得积极可靠的反馈效果,教师必须运用先进的教育技术手段来达到令人满意的效果。

第三节　英语口语教学的研究

一、英语口语教学的现状

口语是语言存在的基本形式。从语言的起源、发展和使用来看，口语处于首要地位。然而，在英语学习中，由于种种制约，大多数学生的口语能力低于听、读、写、译等能力。长期以来，在传统教学理念和方法的指导下，口语在英语五项基本技能中一直没有得到足够的重视，也是教与学都很头疼的问题。因此，培养学生的英语应用能力，尤其是口语交际能力显得尤为重要。如何提高学生的英语口语水平，培养学生的口语交际能力，使其适应新时期社会对复合型人才的新要求，已成为英语教学的一大难题。

随着我国经济建设的迅猛发展以及全球经济一体化进程的加快，社会各方面对大学生的外语水平的要求越来越高。许多用人单位不仅要求毕业生有较强的阅读能力，而且要求毕业生有较强的听、说、写、译的能力，即英语的实际应用能力。多数学生的英语实际应用能力较弱，他们虽然通过了四、六级考试，却说不出或听不懂日常的英语口语。

因此，教师和学生必须始终明确，学习英语的最终目的是用英语进行交流，具有英语交际能力。这种交际能力包括准确接收信息和发送信息的能力，前者包括听和读，后者包括说和写。语言是满足社会交际需要和实践的产物，它在交际中具有生命性。目前，人们正努力使英语教学摆脱低效率的困境，国内语言学专家和广大英语教师都在思考怎样使它走出费时多、收效甚微的低谷，摆脱学生学习十几年的"哑巴英语"的尴尬局面。

（一）现有教学模式及方法对口语教学的影响

长期以来，我国的英语教学效果不佳。这种情况与我国各阶段英语教学自成体系和过度重复、英语学习的语言环境和英语教师水平不理想以及"以教师为中心"的传统教学模式有关。传统的英语教学基本上采用这样的模式和方法：教师一进入课堂就开始讲解课文，分析文章结构、段落大意，解释关键词、短语，分析长句、难句和语法结构。一节课下来，学生只是偶尔回答"Yes"或"No"，甚至根本不说英语，当然也就无法提高英语口语表达能力。从某种意义上说，这种"以教师为中心"的传统教学模式（教师是课堂的主角，课堂教学以教师的教学为中心，学生没有足够的实践机会，他们的主要任务是听和记笔记）在教与学的关系上处于错误的位置，只会对学生的学习心理产生负面影响，难以满足我国经济建设和社会发展的需要。事实上，这种教学模式强调的是教授而不是学习。

（二）语言环境对口语教学的影响

语言环境在很大程度上制约着学生语言能力的培养。由于学生在非目标口语环境中学习目标口语，他们缺乏必要和良好的语言环境。语言环境对学生有着潜移默化的影响，良好的语言环境可以极大地促进学生语言应用能力的发展，相反则会对他们语言应用能力的提高产生负面影响。对于以英语为主要第二语言的中国学生来说，语言环境主要包括教室、校园、社会环境、书面和视听教材以及相关设备。

目前，口语训练主要在课堂中进行，如果没有一个合适的教室环境，就会增加学生口语交际中的紧张心理。学生与教师之间的关系，课堂教学是否适合学生的学习需要及特点，教师是否有意识、有经验去指导学生训练语言能力等，都会影响学生的学习效率及成绩。因此，在口语教学中，教师一定要作为学生的朋友出现在教室里，建立和学生之间的亲密关系，为营造良好的课堂口语教学氛围奠定基础。教师不应该凌驾于学生之上而使学生感到高不可攀，产生敬畏感和心理压力。如果不消除学生的恐惧心理，使他们有勇敢开口的信心，他们就不可能用英语自由地交谈。此外，教师还应该主动参与学生的活动，并向学生解释这样一个道理：口语能力提高的过程是一个"尝试—犯错误—再尝试—再犯错"的过程。一旦明白了这个道理，学生就会积极地进行口语练习。

除了在课堂上为学生创造良好的语言学习氛围，教师还应尽可能地在课堂外为学生创造口语学习环境，使学生融入良好的英语学习环境中，最大限度地接触英语，形成英语思维习惯及一定的语感，并充分利用现代化的教学辅助设施，为学生创造宽松自由的口语练习环境。

（三）语言测试形式及内容对口语教学的影响

语言测试形式及内容在很大程度上会影响语言能力的培养和提高。学生虽有十余年的英语学习经历，通过了多次考试，可是由于考试中没有口语考核，学生对口语的学习缺乏必要的动力及兴趣，根本不重视口语学习，即使学习英语多年也不能成功地运用英语进行交流，无法适应工作的需要。这从另一个侧面反映出现有的英语考试在很大程度上没有以提高学生的语言运用能力为目的而进行设计，因而不能适应英语教学的要求。对此，社会不满意，学生也不满意，而教师则更为担心。

英语教学"既聋又哑"，"费时低效"的原因究竟何在？其实，原因是多方面的，但最根本的原因是：在教学中违背了外语教学的基本规律，没有把教学重点放在打好学生的语言基础，提高学生的英语实际应用能力上，而是急功近利、盲目攀比，一味地追求英语考试成绩。

（四）教师自身水平对口语教学的影响

合格的师资队伍是英语素质教育的关键，因为任何教学方法和模式都是由教师去实施的。

首先，教师自身的英语基本功必须过硬，在听、说、读、写、译各方面表现出色，做到发音准确清晰、语调标准、口语流利。教师的业务水平及语言、文化素养会直接影响口语教学效果。可以想象，假如教师自身的口语能力不过关，或其他语言技能有明显缺陷，教学效果也必然不会好。出色的教师是提高口语教学质量的前提和基础。

其次，教师必须懂得一些比较语言学的知识，并精通汉语和英语。在英语教学过程中，将英语与汉语进行对比分析是必不可少的，教师必须透彻地了解英、汉两种语言的差异。但值得注意的是，教师往往认为自己对汉语已经足够了解，而实际上却并不清楚汉语的特点和用法。因此，教师有必要加强自身的汉语修养，提升自己的汉语水平，熟练把握英、汉两种语言各自的特点和差异，在讲解时做到简洁明了、击中要害。语言现象是全人类共有的，而人类的情感、思维以及对客观事物的认识能力也是大同小异的。因此，人们要表达的概念是相似的，只是表述所用的语言不同。可见，教师给学生讲清两种语言各自的特点和差异极为必要，而且往往能收到事倍功半的教学效果。

此外，教师应具有威信。教育学家认为，教师的威信也是影响英语口语教学效果的重要因素。学生对教师的信任不仅能使学生对教师的授课内容产生浓厚兴趣，而且能使学生较好地记忆相关知识和掌握语言。

最后，教学过程是一个有组织的系统，它需要根据内部和外部的条件变化进行不断的调整。在课堂教学过程中，教师要细心观察学生的不同反应，捕捉教学的反馈信息，并利用这些反馈信息有效地控制教学进程，在课堂上引导学生积极主动地参与课堂活动，帮助学生端正学习态度，明确学习目标，激发学生的学习兴趣。

（五）教材对口语教学的影响

长期以来，英语教学强调并侧重阅读、写作和听力教学，而忽视了口语教学。尽管目前口语教材种类繁多，但培养学生口语交际能力，特别是思辨能力和创新能力的教材却很少。此外，大多数教材首先列出一个或多个英语对话，然后附上中文注释或中文翻译，有些教科书中的对话只是由一个英语句子和一个中文翻译组成。使用这种教材，教师只能要求学生跟读课文，检查和纠正学生的错误发音和语调，或是让学生通过句型练习和背诵来记忆语言结构和形式，而不能指导输出。常言道：知道真理并不等于懂得真理。这种做法只能让学生"学习"语言，而不能"使用"语言。为了让学生在口语表达中表达自己的想法，教师有必要在口语表达活动之前向学生传授语言知识。然而，一些口语教材中的阅读内容太长，课文中的生词太多。学生必须花大量时间阅读、理解和查找单词。这样一来，口语练习的时间就所剩无几了。同时，由于口语练习活动的形式单一，学生对口语练习的兴趣就会逐渐降低。因此，缺乏适合学生实际水平的有效口语教材将给口语教学带来一定的困难。

从学生的实际情况来看，即使学生已取得了良好的英语成绩，对他们的口语教学也需要加强。因此，编写一套高质量的英语口语教材势在必行，但切忌好高骛远，要以扎实地提高学生的基本表达能力为目的。口语教材可以以简单的现场对话、场景描述、事件分析等为起点，着重于学生所学的基础语言知识及表达方式的恰当应用，培养学生的分析能力和语言组织能力。

（六）跨文化意识缺乏造成的语用失误对口语教学的影响

随着我国经济建设的快速发展，社会需要越来越多的具有扎实专业技能并能与外籍人员直接沟通的人才。因此，英语教学应注重培养学生的跨文化交际能力。跨文化意识是指外语学习者能够更好地掌握目标语的文化知识，具有较强的适应能力和交际能力，能够开展各种交际活动。良好的跨文化意识意味着外语学习者能够有意识地消除在交流过程中可能遇到的各种障碍，从而确保整个交流过程的有效性。

目前，绝大多数学生很难满足这一社会需求。虽然部分学生通过了国家四级和六级考试，但他们听不懂、说不出，这与用人单位对人才外语素质的要求相去甚远。即使有些学生会说几句英语，也往往是"中国思维＋英语"的形式，在对外交往中，他们不能用地道的语言进行恰当的交流，经常犯"文化错误"。

许多专家认为中国学生所犯的"文化错误"比语言错误更加严重，因为前者往往容易在外国人和中国人之间造成感情上的不愉快。那么文化因素对语言学习的意义是什么呢？许多学者对这个问题作了精辟的解释：著名语言教育家拉多（Robert Lado）认为，如果不了解文化的模式和规范，就不可能真正学习语言；著名英语专家邓延长教授曾指出，要学习一门外语，必须了解与外语密切相关的文化，熟悉相关的文化知识将有助于确保完整地使用外语。不难看出，学习一门语言的过程也是理解和掌握语言和文化的过程，两者之间存在着互动关系。

（七）学生心理因素对口语教学的影响

近年来，心理因素对交际的影响越来越受到人们的关注。1990年，美国耶鲁大学心理学教授彼得·塞拉维（Peter Salovey）与新罕布什尔大学教授约翰·梅耶（John Mayer）一起首次提出了情绪智商（以下简称"情商"）概念，并在1996年对这一概念进行了进一步阐述。塞拉维和梅耶认为，情商是指个人对自己情绪的把握和控制、对他人情绪的揣摩和驾驭、对人生的乐观程度和对挫折的承受能力等心理因素，这些心理因素对人们的交际以及个人的成功都会产生非常重要的影响。情商理论自问世以来，受到人们的高度重视，被称为21世纪心理学研究取得的最重要成果之一，有人甚至因此而将人生成功的方程式改写为"100%的成功＝20%的智商＋80%的情商"，从而把心理因素在交际和个人成功中的重要性提到了一个非常突出的地位。

情商理论对外语教学同样具有重要的指导意义。在教学实践中，当学生掌握和控制情绪的能力较差时，即使他很好地掌握了语音、语调、词汇、句型和文化背景等语言要素，也不可能达到理想的交际效果。换言之，心理因素与外语交际的质量有着密切的关系。心理素质的好坏将直接影响口语交际的质量。因此，教师应该有意识、有目的地发挥情感教学的作用；要经常观察和协调各种心理因素之间的关系；要始终注意帮助学生树立自信，克服自卑心理和畏难心理；要鼓励和引导学生积极发言，避免经常批评学生，避免各种形式的消极暗示。学习外语就像学习母语一样，是一个逐步提高的过程。这个过程不可避免地会出错，即使一个非常精通英语口语的人也会犯错。因此，教师不应该把错误视为消极因素，而应该允许学生犯错误，而不必过多地纠正学生。只要学生知道他们错了，他们就会自己改正。这样可以在教学中形成一种轻松的课堂气氛，使学生在说英语时更加轻松自在，减少甚至消除虚荣、怯懦和自卑感。

（八）学生学习动机、兴趣、爱好和态度等因素对口语教学的影响

学生是学习的主体，其自身因素也会影响语言应用能力的培养。学生自身因素包括年龄、个人经历、英语基础、语言学习能力、学习方法和策略、学习兴趣、职业倾向和心理素质。兴趣和爱好是学习之母，动机是学习的动力。对所学内容感兴趣的学生情绪高涨，会在课堂上主动发言，有强烈的口头表达愿望。相反，如果学生对所学的东西不感兴趣，学习英语的动机主要是通过考试，他们学习英语的效果就会受到影响，一旦遇到挫折和困难，他们就会失去应有的学习热情和信心。

因此，教师应该高度重视语言学习过程中文化因素的重要性。如何真实恰当地使用语言不仅与正确使用语言同等重要，而且是跨文化交际能力的重要组成部分。正是这些问题没有得到教师和学生的高度重视，才造成了沟通上的障碍和麻烦。

二、英语口语教学的新方法

英语口语能力是现代社会人才必备的能力之一，提高学生的英语口语能力是英语课程教学的重要目标，因此在英语教学中提倡口语探究教学模式的革新具有十分重要的现实意义与研究价值。一般而言，英语口语探究教学就是指英语教师利用现代教育手段与媒介，调用多种教学资源，以学生为中心，以教师为主导，以学生的自主学习为主要学习形式，辅以其他多种教学方法，指导学生以自我探索与自我研究的方式掌握口语技能的教学过程。口语探究教学具有开放性、合作探究性、实践性、积极性、主动性、建构性、因材施教性、包容

性等特点。口语探究教学功能则主要包括以下四大功能：语言与技能的融合、学习者的自我实现、教学效果优化与教学过程整合。

（一）口语教学的方法研究

在教学过程当中，教师可以注意到，无论采用哪种方法，部分学生在交流时都会表现得很紧张。原因是有些学生性格内敛，还有些学生则是因为害怕犯错被人嘲笑而胆怯。因此，他们往往有自卑感。对于教师的提问，一些学生只是简单地用"I don't know."来敷衍，以保护自己，形成一种抑制心理。针对这种情况，教师应该培养学生表达的勇气和习惯，让学生在重复中不断纠正错误，使学生跨越心理障碍，积极参与课堂交流。

同样，外教口语教学之所以受到学生的欢迎和赞赏，是因为他们可以在课堂上熟练地教授语言和传递文化。他们真实的语言表达，流利的英语口语，幽默、生动的肢体语言也为课堂营造了和谐、轻松的氛围，消除了学生因语言能力差而产生的紧张和恐惧，增强了自信心，提高了课堂教学效果。

因此，教师应该有意识、有目的地发挥情感教学的作用。经常观察和协调各种心理因素之间的关系，时刻注意帮助学生建立自信，克服自卑感，激发和诱导学生踊跃发言，避免频繁批评学生，避免各种形式的负面暗示。

此外，教给学生一些交际中的小技巧也可以帮助学生摆脱交际中的紧张和尴尬。第一，当在交际中遇到一些不清楚的词语或事情时，可以直接要求交际对象解释。这不仅可以使交流顺利进行，避免紧张，还可以通过交流活动学习新知识。第二，在交流中，当遇到自己不熟悉或不理解的话题时，可以主动回避，转而谈论自己熟悉的事情或话题，从而避免交流中可能出现的紧张心理。第三，学习外国人在交流中常用的手势和语调，以及赞同或否定的习惯表达。例如，当在交流中遇到困难而不能流畅表达时，可以用一些常用词来表达犹豫，给自己更多的时间考虑。

总之，尽管人们对如何教学生英语口语有不同的理论和观点，但无论采用哪种理论作为课堂英语口语教学的指导，教师都必须充分发挥情感教学的作用，消除学生紧张、紧张等消极心理因素，以及在外语口语交际中的怯懦和畏难心理，培养学生良好的交际心理素质。

（二）激发学生学习动机，培养口语学习兴趣

为了让学生在口语学习中保持积极的情绪和饱满的精神，提高学习效率，英语教师应该注意培养和调动学生的学习兴趣，因为兴趣是最好的老师。

首先，教师不仅可以通过调整教学手段激活课堂气氛，激发学生学习兴趣，还可以在参与英语活动的过程中开展丰富多彩的第二课堂活动，激发学生学习口语的兴趣。同时，教师也要从分析英语口语的重要性，个人兴趣与国家需要的关系入手，引起学生对英语口语学习的重视，使对英语口语不感兴趣的学生逐渐转变观念，变被动学习为主动学习。

其次，要灵活运用多媒体等现代教学手段，营造轻松和谐的氛围，努力消除学生的恐惧、抑郁、厌恶等心理障碍。这样做的好处是不仅能激发学生的兴趣，而且能为学生将来准确、恰当地交流打下良好的基础。

再次，激发学生主动参与课堂交际活动的欲望，使学生不断获得成就感，增强其学习的自信心，这也是非常重要的。从主观上讲，大多数学生对英语口语表达有着较高的热情，他们希望在短期内能够提高口语表达能力。然而，口语学习不可能一蹴而就，需要下功夫勤学苦练。在学习中，学生势必会遇到困难和挫折，因此教师帮助他们保持好学习口语的热情和信心也是十分重要的。首先，在口语训练活动的安排上，教师应该遵循由浅入深、由易到难的原则，从学生比较熟悉和感兴趣的话题谈起，先不急于让学生去说，而是尽量引导他

们主动讲话,诱发他们用英语交流的欲望。如果学生感觉不是被动地接受任务,而是积极地参与交流活动,其学习的信心势必会增强。

最后,为了吸引学生积极参与课堂交际活动,教师应注意学练活动的多样性和趣味性,寓乐于学。在非目标语环境下的语言学习不是一件轻而易举的事,单一枯燥的学练活动会令人感到厌烦。因此,教师要发挥主导作用,组织丰富多彩的教学或练习活动,提高课堂的凝聚力,使学生学有所乐、学有所得,这样学生学习的兴趣和信心才能保持长久。此外,教师还应该时刻鼓励学生,让他们充满成就感,感到自己在不断进步。因为成就感会进一步激发学生的学习动机和热情。这就要求教师全面了解学生的情况,对他们的平均水平作出正确的评估,以便确定适宜而且切实可行的学练活动。因为难度过大的教学或练习活动会使学生感到目标遥不可及,有受挫感,在某种程度上会影响其自信心,使其学习积极性降低。

(三)发挥学生主体性,创设以学生为中心的教学局面

教学活动是一种双向的活动。英语教学的本质是交际,它是通过师生之间的交流活动,使学生掌握英语,进而形成使用英语的能力。课堂学习是学生获得知识、培养能力的主要途径。课堂教学是教师培养学生的主要手段,是英语教学的主要阵地,是加强学生口语训练的主要渠道。因此,上好每一节课是教学双方的共同愿望。那么,作为课堂口语活动主导者的教师如何才能实现这一愿望呢?要想学好口语,学生的内在因素起决定性作用,而课堂教学则要以学生为中心。教师要想搞好教学,提高教学质量,达到预期的教学目的,就必须了解学生在教学过程中的心理活动。有人把课堂上教师和学生比作演员与观众,认为在课堂上教师就得像演员一样通过自己的表演来吸引学生。在这方面,虽然不同的教师有不同的经验和观点,但每一位成功的教师都必须具有强大的

魅力、渊博的知识、正确的思想，规范的言行，以及灵活生动的教学方法来吸引学生，使学生能够愉快地参与课堂教学活动。换句话说，在英语口语教学过程中，教师应该充分认识到学生正处于心理发展的关键时刻，他们的学习状态很容易受到情感因素的影响，学生对教师的情感可以直接影响甚至决定他们的学习态度和效果。因此，教师应利用学生的心理特点，努力克服情感因素对学生的负面影响，从根本上提高自身素质和个人魅力。

另外，应当搞好师生关系。一方面，和谐的师生关系可以为口语课堂教学提供良好的氛围和和谐的人际关系，为有效实施各种教学方法打下基础。另一方面，良好的课堂气氛也可以缓解学生的焦虑和紧张，使他们感到轻松和舒适。在这样的环境中，学生往往会不由自主地融入课堂活动，自由地表达自己的想法。相反，充满紧张、竞争和敌意的学习环境会使学生产生心理上的怯懦感和学习消极感。因此，教师的任务就是营造一种氛围，给学生一种心理安全感。这种安全感的建立，要求教师真诚地对待每一位学生，善于调动每一位学生的学习积极性。另外，在课堂活动中，要尽量多使用鼓励性语言，对学生的正确回答给予积极的表扬，必须适时、反复地告诉学生：教室本来就是允许出错的地方，学习本身就是出错然后纠正并不断取得进步的过程。这样，师生间就可建立起信任感，学生就不怕犯错误，在无拘无束的气氛中主动思考，参与课堂活动。在教学活动中，教师还应该做学生的支持者、帮助者和控制者，学生在交际情境中一旦受阻，教师应及时插话或做些暗示，进行必要的圆场和启发，避免出现冷场，减轻学生的紧张、尴尬，帮助学生顺利完成交际活动。

合作性教学活动和学习情境有助于营造轻松、和谐的教学气氛。在口语学习中，交际气氛的创造也是十分必要的。教师应充分发挥交际活动组织者的作用，在师生见面时，教师主动、适时、即兴地寒暄几句，对安定学生的情绪、吸引学生进入外语课堂情境、创造良好的交际气氛有一定好处。灵活多样的交际活动，如学生间的信息交流、讨论、辩论、角色扮演等，都有助于课堂交际气氛的营造。

总之，学生是课堂教学活动的中心，教师是沟通活动的设计者和组织者，具有示范和引导作用。教师为学生创设各种情境，明确训练任务，选择活动方式，讲解练习要领，通过一系列多样化、有趣的活动，充分调动学生的积极性和主动性。教师不能用"教"和"灌"来代替学生的"学"，要根据教学的实际需要精心设计活动，结合学生的认知水平、教材内容和方法，通过活动提高学生的参与率和时间利用率，增强学生的主体意识，把握以下几个方面："活"即激活话语进入语篇，激活教材内容进入现实生活，激活教学活动进入交际；"动"是让学生移动身体的所有器官、认知结构和人类主体意识。

教师需要讲明一堂课的训练任务、口语训练的方式，确保学生有足够的练习机会。教师必须有耐心，并且善于设计主题和调动课堂气氛。然而，由于传统教学方法的长期限制，一些学生不敢说英语，因为他们害怕犯错误。教师必须尽最大努力创造条件，鼓励学生大胆发言，激励、引导甚至"强迫"他们发言和练习，从而最大限度地锻炼学生的英语口语能力，使学生能够在语言过程中自由地表达自己的思想和感情。教师应精心设计课堂教学的各个环节，尽可能多地使用英语，为学生提供和创造真实的交际情境和创造性地使用语言的机会，并发挥示范作用，结合课文学习和词汇、语法、句型练习，鼓励学生积极思考，踊跃发言，争取更多讲英语的机会。通过阅读和背诵课文，学生应记住短语、句型和一些固定搭配，以增强英语语感，以便在复述课文和回答课文问题时更轻松。同时，在教学中，教师也要注意培养学生说话时的手势、动作和表情，恰当地运用肢体动作能大大增加语言的生动性和感染力。要求学生像老师一样用手势和表情说话，可以活跃课堂气氛，提高学生的学习兴趣。因为无聊的气氛会使学生无话可说，为了使学生对英语口语课有浓厚的兴趣并积极参与，英语口语课应采取灵活多样的形式。教师应该通过口语课堂教学，使学生在课堂上发挥聪明才智、培养兴趣、调动积极性、提高口语能力。

（四）提高学生文化素养，营造良好的口语练习氛围及环境

教好一门外语的首要条件是让学生尽可能多地接触和使用这一门外语，因为语言环境是快速有效地提高外语水平的重要条件。英语口语学习经历了一个从易到难、从注重强化练习到注重自由交流和表达练习的渐进过程。英语口语是一套语言习惯。从人们早上见面时所用的问候语、人们的电话交谈到对社会热点话题和内容的评论，都有相对固定的句型和表达方式。学生需要反复练习，直到熟练掌握，可以及时准确地使用。虽然来中国做生意、旅游和学习的外国人数量大幅增加，但学生通过与外国人交流学习英语的机会并不多，他们没有良好的语言环境。没有语言环境，就要创造语言环境。创造语言环境就是人为地创造有利于语言学习的条件和氛围，比如举办英语角、举办英语晚会、举办英语板报展、表演英语节目，甚至写英语日记等。

此外，英语口语教师应积极组织学生创造第二课堂语言环境，使英语口语训练的方式更多样；举办各种形式的课外活动，为学生最大限度地模仿和练习英语创造环境。如采用成立英语俱乐部、定期举办英语演讲比赛等形式，积极倡导学生开展校园口语活动，利用业余时间进入学生生活，督促和引导学生在宿舍、餐厅等各种场合积极用英语交谈，使英语真正成为学生的交流工具。说的能力不是教师教的，而是学习者自己主动创造环境和机会，开口实践出来的。

现代化的教学设备也能创造理想的语言学习环境。教师可以利用计算机、教学软件、多媒体技术，充分利用现有的视听设备进行教学。

一方面，多媒体在计算机的控制下，综合运用文字、声音和图像来表达信息，展示教材中的文字和英语的使用情况。这样，英语信息的输入不仅通过文

字呈现,还通过声音、图像和场景呈现,真实反映了信息的原貌,大大提高了信息的真实性,为学生接收信息创造了有利条件,让学生通过声音、形状和颜色进入英语交流的世界,沉浸其中。在教学过程中,教学内容从教师的计算机传输到学生的计算机屏幕。学生可以通过计算机以人机交互教学的形式进行自学和实践,充分发挥教与学的主动性。同时,教师还可以监控每个学生的学习情况,以便及时反馈学习信息,并向所有学生展示一个学生的学习情况,这在传统课堂上很难实现。

另一方面,教师还可以利用多媒体、学校影院、学生活动中心和校园英语广播,定期在周末为学生播放一些英语节目、新闻和原创电影,适当增加视听教学内容,为提高学生口语能力服务,让学生通过听和学来练习流利地道的英语口语。

现代化的教学设备不仅可以创造灵活多样的教学方法和生动活泼的课堂气氛,使课堂教学直观形象,非常有利于口语教学,而且可以增加信息量,增加语言文化含量,拓宽学生的视野,提高学生的学习兴趣,改变教材信息量少的弊端。实践证明,只有教学中的信息密集,才有利于信息的处理和输出。现代教学设备还具有跨时间、跨空间、跨地域的特点,具有良好的立体效果,它可以极大地改善听和说的条件,使学生能够读、听、看、输入和吸收大量的自然资源。这种大量的输入学习有助于缓解学生的紧张和焦虑,发挥潜意识和潜意识的作用,快速提高学生的口语水平。学习外语就像学习游泳,学生必须沉浸在水中,而不是偶尔接触一次,这样他才能够像一个熟练的游泳运动员一样享受游泳。教师必须改变把学生视为接受知识的"容器"的消极教学方式,通过多种方式调动和激发学生的主体意识,为学生创造良好的语言环境,让学生在轻松愉快的英语使用环境中"沉浸"于口语学习。在热烈的英语口语氛围中,学生会自然而然地将英语融入话题,激发更大的兴趣和热情,从而快速提高英语口语水平。

（五）强化语言知识，建立并完善考核体系

国家教育委员会（今教育部）自 1987 年开始组织高校英语统考，目的是使高校英语管理规范化，把高校英语质量抓上去。随着我国改革开放的进一步深化，经济发展和社会进步对人才培养提出了更高的要求，广大学生也迫切要求提高英语口语水平，获得更强的英语口语交际能力，因而开展口语教学是语言自身的要求，是英语教学发展的必然，也是社会需求的反映。而长期以来，口语教学之所以不受到重视，其原因之一就在于口语考试不好操作，迟迟未能实施。如何对英语口语能力准确地进行鉴定，这个问题已经提到了议事日程上。人们常说考试是指挥棒，考试是学校教学活动的重要组成部分，它可以检查学生的学习成果以及教师的教学效果，监督和指导教学，其展示功能、引导功能、激励功能和反馈功能不容忽视。口语考试的缺失，给口语教学评价带来了一定的困难，使其不能在口语教学中发挥其反馈作用。因此，为了提高学生的口语能力，必须完善考核体系。

实施英语口语测试是非常必要的，应通过加强平时的口语测试来强化学生的语言知识。

第六章　英语阅读教学理论与实践

第一节　阅读与英语阅读教学概述

一、阅读对语言能力形成的重要性

语言能力的形成途径各异，但主要有以下两个：第一，通过大量的有声练习，形成口头语言能力，听得懂，说得出；第二，通过大量的阅读练习，形成书面语言能力，读得懂，写得出，并改善口头语言能力。

根据阅读目的的不同，阅读可以分为强制性阅读、真实性阅读（也称应用性阅读）两种。

强制性阅读是一种有组织、有计划、分阶段的语言阅读练习，旨在形成标准化的书面语言能力和口头语言能力。强制性阅读的阅读材料主要指学校使用的教材。毫无疑问，教材在形成学生语言标准化方面发挥了巨大作用，但缺点是它具有非选择性、单调性和枯燥性，使读者较为被动。

真实性阅读是一种自由选择的阅读，不需要特定的教材，以获取实用的信息或交流思想为目的。真实性阅读的阅读材料主要指报纸、杂志、文学作品等。这种阅读具有强制性阅读不可替代的优势——选择性、实用性、真实性和趣味性，这些特点决定了文章的可读性和读者的主动性。

应用性阅读即真实性阅读在母语语言学习过程中具有重要的作用。母语语言的学习环节可分为以下几个步骤：有声语言的输入—有声语言的简单输出—书面语言的选择型输入—语言的简单输出—书面语言的数量型输入—语言能力的最终形成。在以上学习语言的环节中，书面语言的数量型输入即真实性阅读占了最重要的位置，是一个关键的环节。外语的特点决定了外语语言能力的形成与母语语言能力的形成过程不同。外语语言能力的形成过程为：书面语言的选择型输入—书面语言的选择型输出—有声语言的选择型输入—有声语言的选择型输出—书面语言和有声语言的数量型输入—语言能力的最终形成。在此过程中，书面语言的数量型输入仍然是其中关键的一环，无法逾越。如果缺少这一环节，语言能力只能停留在简单输出的阶段，无法形成较强的语言能力。这就是为什么一些学生学了多年外语之后，仍然只能说一些简单英语的原因。

二、阅读的价值及语言的时代性要求

（一）阅读的价值

1.提高语言组织能力和应用能力

众所周知，阅读与学生语感的形成有着密切的联系，阅读可以提高学生的语言组织能力。所以，教师要利用英语课堂引导学生进行广泛的阅读，帮助他们在丰富知识、拓宽视野的同时，掌握基本的阅读技巧和方法，提高阅读能力。在实际教学过程中，教师可以借助多媒体或课外读物来丰富阅读材料，引导学生进行广泛的阅读，从而使学生以积极的态度参与英语阅读教学活动，以促进其语感的形成和语言组织能力的提高。

阅读是学习知识、积累文化最经济、最可靠的途径。培养学生的听力和口语能力是英语教学的两个重要目标，听、说与阅读之间密不可分：阅读能给听、说输送不尽的知识源泉,阅读是源头,没有阅读,就没有听、说奔流不断的活水。阅读输入的贫乏将极大限制一个人的发展和进步。调查显示,英语初学者出于对听、说的好奇,会积极参加英语角等课外活动,但这种积极性持续一段时间就会消散大部分,其主要原因是英语角活动的选题单调、内容浮浅、缺乏新思路,学生感到很无聊,所以他们失去了兴趣。这实际上就是缺乏阅读输入造成的。阅读有利于听和说,可以加强语言输入和吸收,增强语感,帮助学生减少或消除母语的负面影响,增强语言理解和表达的准确性。阅读符合人们的心理规律,能增强外语的亲和力。更重要的是,它可以培养人们说英语的习惯,增强人们进行外语表达的信心,提高人们的听说能力。

2.提高理解能力

提高理解能力是阅读教学的直接价值体现。因此,教师应该鼓励学生带着任务或问题阅读,目的是使学生逐步提高理解能力,为提高学生的阅读质量奠定基础。

3.增加学生的词汇量

词汇量的欠缺是大部分学生普遍存在的问题,不仅使学生不能准确把握文本的中心思想,也不利于学生写作水平的提高。所以,在阅读教学过程中,教师要教会学生运用各种策略和方法增加词汇量,进而使学生阅读能力提升的同时增加词汇量。例如,在阅读教学时,笔者会引导学生对文本中重要词汇的含义进行揣摩、猜测,从而达到提高学生的阅读质量、增加学生的词汇量的目的。

(二)语言时代的阅读要求

时代在进步,社会在发展,英语作为人们应用最广泛的交际用语之一,也随着高科技的迅猛发展发生着如下变化:

首先,随着互联网的飞速发展和人们生活节奏的加快,人与人之间的交际变得越来越简捷。说话简单快捷,是语言变化的一大特征。英语在这方面的变化表现为"一词多用",如"e-mail",我们可以说"Please send me an e-mail.",但更直接的说法是"Please e-mail me."。其次,随着现代科学技术的迅猛发展,现代英语词汇急剧增加的同时,一些单词的意义更丰富,如 input(输入电子计算机的数据)、store(电子计算机的储存器)、drive(计算机驱动器)等新的意义。最后,英式英语和美式英语之间的距离越来越小。也许是因为美国对世界政治、经济的影响越来越大,美式英语的影响也越来越大,特别是对青少年的影响越来越大。现代英国人非但接受了 baby-sitter、teenager、know-how、gimmick 等新鲜有用的词,还往往以 fix 代替 mend,以 date 代替 engagement,以 baggage 代替 luggage。另外,口语不断侵入书面语。学过英语的人都知道,英语有正式、非正式,书面语、口语,方言、俚语之分,然而在当今世界,它们之间相互渗透的现象越来越普遍。例如,过去认为,过去分词一定用 much 来修饰,不能用 very,但现在类似"I am very interested(very surprised 或 very upset)."的句子是极其常见的。再如,过去认为 like 不能作连词,但是现在有不少人已把它当 as 进行使用,如"He can do it like you can."。当我们仍在说"How are you?"时,却不知道现代英语中"How are you doing?"更为流行。英语的这些变化要求我们不断通过阅读进行体会并学以致用。

三、英语阅读教学的目标

在不同的阶段,英语阅读教学的目标不同,下面以大学英语为例,阐述阅读教学的目标。

教育部制定的《大学英语课程教学要求》为阅读的教学目标确定了相应的

标准,具体内容如下:

大学英语一般要求:能基本读懂一般性题材的英文文章,阅读速度达到每分钟 70 词。在快速阅读篇幅较长、难度略低的材料时,阅读速度达到每分钟 100 词。能就阅读材料进行略读。能借助词典阅读本专业的英语教材和题材熟悉的英文报刊文章,掌握中心大意,理解主要事实和有关细节。能读懂工作、生活中常见的应用文体的材料。能在阅读中使用有效的阅读方法。

大学英语较高要求:能基本读懂英语国家大众性报纸杂志上一般性题材的文章,阅读速度为每分钟 70~90 词。在快速阅读篇幅较长、难度适中的材料时,阅读速度达到每分钟 120 词。能阅读所学专业的综述性文献,并能正确理解中心大意,抓住主要事实和有关细节。

大学英语更高要求:能读懂有一定难度的文章,理解其主旨大意及细节,能阅读国外英语报纸杂志上的文章,能比较顺利地阅读所学专业的英语文献和资料。

教师应参照相应的教学目标,在具体的教学过程中把握教学宗旨,调整教学内容,并在此基础上进行一定的拓展和延伸。

四、英语阅读教学的内容

英语阅读教学的内容为培养学生的各种阅读技能,大致包括以下几个方面:①辨认单词;②猜测陌生词语;③理解句子之间的关系;④理解句子的交际意义;⑤辨认语篇指示词语;⑥通过衔接词理解文章各部分之间的意义关系;⑦将信息图表化;⑧确定文章语篇的主要观点或主要信息;⑨总结文章的主要信息;⑩培养基本的推理技巧,培养阅读技巧。

五、英语阅读教学的意义

（一）强化语感，提高学生英语口语和写作技能

众所周知，语感应该属于心理学中被称为理智感的情感范畴。除了情感属性，人们还具有特殊的关系情感。有了这些理性的帮助，人们可以直观地理解各种各样的联系和关系。当人们感觉到的联系和关系尚未实现时，直觉认知只能是感性的，如语言归纳法被理解为语言的感性反映。作为一种交流手段，语言是一个复杂的系统。使用语言的语感无疑是一种复杂的结构，它可以体现在三个方面：一是反映文字标注对象之间的联系和关系，二是反映语言特征的联系和关系（指语音、词汇、语法、修辞等语言特征），三是反映两种不同语言系统之间的关系。当人们真正掌握语言时，所有这些语言联系和关系都是存在的，但他们没有意识到。所有这些语言联系和关系的感性反映形式构成了一个巨大而复杂的感性复合体，即语感。这种语感使人们能够在没有意识到语言的这些或那些特征的情况下掌握语言。为了使学生高频率接触除教材以外的英语材料，教师通常会引进各种英语报纸、杂志或书籍等，为学生们提供拓展阅读材料，并在英语阅读教学的过程中，不断强化阅读输入。随着时间的推移，学生在教师的引导下会逐步养成坚持阅读的习惯。充分的阅读输入不仅有利于培养学生的语感，也在潜移默化中提高了他们的其他技能，如口语表达能力、写作能力等。另外，通过阅读英语短文，学生有机会接触地道的英语表达方式，既巩固了原有的语言知识，又积累了新的语言知识，这无疑对学生阅读能力、写作能力的提高有很大帮助。

（二）接触外来新鲜文化，开阔学生视野

语言是文化的载体，我们都知道要想学好一门语言，就要多多接触这个国家的本土风情与民俗文化，那么英语课堂便给学生提供了一个了解英、美等国的风俗习惯和异域风情的绝佳平台。有了大量多姿多彩的生活场景与日常故事的熏陶，学生们的阅读水平便能有很大的保障。在阅读的过程中学生还可以了解外国文化的了解，何乐而不为呢？再者，成绩、语法、时态等永远不会成为限制学生快乐学习的障碍。越是困难，处理起来就越要巧妙。英语学习的最高层次是让学生吸收国外优秀文化的精华，从而有效地帮助学生增强自信心，减少在阅读题中失分的概率。语言是文化的载体。换言之，英语阅读材料涉及大量英语国家的文化、风俗习惯，以及大量的生活场景和日常故事，对丰富学生的语言和文化知识有很大帮助。由此可见，掌握语法、句型和基本语言技能并不是外语学习的最终目标，理解和吸收文化的精髓才是外语学习的最高境界。英语阅读教学在帮助学生巩固和积累语言知识的基础上，使学生更深入地了解英语国家的历史、文化和政治，更大程度地提高学生的语言素养。

（三）培养积极向上的生活态度

一些外语学习者在学习过程中可能表现出焦虑情绪。焦虑是一种对当前或预期会对自尊造成潜在威胁的任何情况作出反应的倾向。多年来，学生在外语学习中遇到了许多挫折。部分学生虽然用了大量时间去学习英语，付出了很多努力，但听、说、读、写技能并没有得到实质性的提高，这给他们造成了"心理阴影"。"我不喜欢听、说，我不喜欢翻译，我不喜欢写作"已经成为许多学生的真实写照。由于听、说能力相对较弱，自信心较低，成就感较低，学生的学习动机也不高。受传统英语教学的影响，学生对书面语的接触较多，积累

了一定的基础知识，对书面材料更容易接受。阅读不知能在课堂上进行，如果教师能够培养学生课外独立阅读的能力和习惯，引导学生掌握阅读策略和技巧，并坚持阅读各种材料，随着时间的推移，学生可能对学习英语产生兴趣并逐渐找到自信，从而消除由英语学习挫折引起的焦虑，这将大大改善学生的心理环境。

此外，教师挑选积极向上、具有时效性的英语阅读材料供学生阅读，有助于学生逐步树立正确的人生观、价值观和世界观，培养学生积极乐观的生活态度和学习态度。同时，具有趣味性、创新性和时代性的阅读材料还可以缓解学生沉重的学习压力，使学生将压力转化为前进的动力。总之，通过阅读具有教育意义的英语阅读材料，学生将逐渐养成积极乐观的情感态度，形成正确的人生观和价值观，发现英语学习的乐趣。

第二节 英语阅读教学的原则

一、兴趣激发原则

学生对阅读是否具有浓厚的兴趣是阅读教学成败的关键。有了兴趣，学生才能产生积极、主动、热烈的学习情趣。教师要注意适当变换教学内容和教学形式、手段的多样化，尽量避免教学活动的枯燥乏味，从而激发学生的阅读热情和兴趣，使阅读教学经常保持新鲜感，使学生学会阅读，乐于阅读，变被动阅读为主动阅读。

二、层层设问原则

层层设问原则主要是指教师在阅读教学中提出的问题应该具有层次性，一环扣一环，逐步揭示文章的主题。例如，教师在讲解"Thomas Edison"这篇课文时可以提出如下问题：

（1）Who is Thomas Edison?

（2）When Thomas Edison was five years old, he sat on some eggs one day, didn't he? Why?

（3）Why did Edison's teacher send him away from school?

（4）How do you think about Thomas Edison? Why?

（5）What can we learn from the text?

这五个问题由浅入深、层次分明，学生根据教师提出的问题，想方设法化难为易，在解决问题的过程中，掌握所学知识，逐步理解文章内容，并提高自己的分析理解能力。

三、循序渐进原则

阅读教学的目标不是一朝一夕就能实现的，这是一个循序渐进的过程，需要合理的总体设计和长期规划。教师应在阅读教学的选材、任务确定、阅读方法和反馈等方面进行全面细致的考虑，鼓励学生寻找自己的阅读方法，积极引导学生采用自己的阅读方法完成既定的阅读任务。

四、速度调节原则

阅读速度不一定等于理解能力,有的人阅读速度快,可是理解能力差;也有的人阅读速度慢,理解能力也差。这些学生应加强一般阅读技能的训练,积累语言的基础知识,而不宜加快阅读速度。教师应根据教学的进程设置不同的阅读速度,在阅读教学进行之初,可以放缓阅读速度,注重对材料进行有效的理解。慢速阅读有时也是一种需要,如对于诗歌、散文、小说等,应该细细地品读,深入地分析领会,认真思考、品味、评价和欣赏。然而,随着词汇量的扩大、语义和句法知识的增加、语感的增强和阅读技能的提高,阅读速度也应随之提高。在这一阶段,教师应该安排相应的限时训练,加强训练强度,以更好地完成阅读教学目标。可以说,速度调节原则要求教师在阅读教学过程中放松,并根据不同阶段的教学目标作出相应的调整。

五、因材施教原则

由于学生之间存在个体差异,因而学生学习阅读的进程有所不同。教师应注意满足不同水平学生的特殊需要,力争使每个学生都能相应地发展阅读技能。比如有的学生阅读成绩不佳,进而自暴自弃。对于这类学生,教师可以先让他们阅读简单的阅读材料,并逐步增加难度,让他们看到自己的点滴进步,还要经常表扬、鼓励他们,帮助他们树立战胜困难的决心和取得进步的信心。有的学生基础好,学习兴趣浓厚,课堂上的阅读常常满足不了他们的阅读需求。针对这类学生,教师应向他们介绍和推荐世界名著等读物,布置一些富有挑战性的阅读任务,以满足他们的阅读要求。总之,教师应根据每个学生的特点,认真分析，并将其分类，在教学中有意识地对其提出不同的要求，采取不同的方法，从而做到因材施教。

第三节　英语阅读教学的研究

一、对英语阅读教学的分析

（一）学生英语阅读的障碍

1.学生的认知方式

认知风格主要是指人们接受、组织和检索信息的不同方式。研究者将学习者的认知风格分为两种类型：场依存型和独立型。场依存型学习者的特点是依赖外部参照系统处理相关信息，倾向于整体理解事物，往往缺乏独立意见，社会敏感性强，易于与他人沟通。独立型学习者的特点是较为独立，社会交际能力较低。

研究人员发现，独立型学习者在模仿句子时倾向于省略项目并保留整个短语，而场依存型学习者恰恰相反。场依存型学习者更有可能在自然环境中成功学习外语，而独立型学习者在课堂教学环境中可能占主导地位。对于外语学习者来说，不同的学习目标和任务、不同的学习环境需要不同的认知风格和学习策略。一线教师应了解不同学习者的不同认知风格，根据不同的学习任务和不同的学习环境，充分发挥他们的优势，并据此指导学习者的学习策略和认知风格，进而激发学习者学习外语的兴趣。

2.学生的思维方式

传统价值观是文化的核心。每个民族都有自己独特的价值体系，它直接影响着人们的思维方式和交往规则，对人们的社会生活起着指导作用。同一文化中的人有着相同的价值观，沟通并不困难。反之，不同的文化价值观则容易引起误解。然而，不同文化背景的人在理解概念和差异时，可以作出更准确的预测，使交流成为可能。价值观的表达范围非常广泛，如世界观、群体取向和个人取向、时间取向等。这些方面的差异构成了不同的思维方式。例如，中国传统的宇宙观是"天人合一"，这体现在人们对自然的服从和崇拜上。西方哲学家提出了"天人分离"的观点，即人与自然是分离的，人应该处于支配和改造自然的地位，否则就是懒惰和缺乏进取心的表现，会被人鄙视。不同的价值观形成了不同的思维方式。中国人的思维具有由大到小的特点，如时间按年、月、日和小时的顺序，地址按国家、省、市、县、区、街道的顺序排列。这反映了中国人的整体思想。西方人相信独立的部分构成了世界，所以他们的思维方式是归纳式的，从小到大，从点到线。一些学者认为英语是一种理性的语言。它的理性特征是当语法规范和逻辑规范发生冲突时，语法总是让位于逻辑。这种理性特征与早期欧美哲学与科学技术的结合密切相关。一个民族在特定语言中的思维习惯是语言、文化和思维不断变化的结果。因此，不同文化思维方式的差异也会导致交际规范、编码和解码方法、词法、语法等方面的差异。

（二）母语对英语阅读的正迁移和负迁移

在行为主义语言习得理论中，语言被视为一种习惯，学习一门外语意味着学习一套习惯。在学习新习惯的过程中，旧习惯（母语知识）不可避免地会对新习惯（目标语知识）的学习产生影响。母语和目标语之间的相似性会促进目标语的学习，而母语和目标语之间的差异会给学习者习得目标语带来阻碍。差别越大，阻碍就越大。这种原始知识影响新知识学习的现象称为"迁移"。促进新知识学习的迁移称为"正迁移"，阻碍新知识学习的迁移称为"负迁移"。近30年来，应用语言学研究，特别是第二语言习得研究的结果表明，第二语言学习中的母语迁移不是有无迁移的问题，而是什么、多少、在什么情况下是正迁移还是负迁移的问题。多年来，人们从英语教学实践中发现，母语负迁移是中国学生提高英语阅读理解能力的主要障碍。儿童在认知的基础上，在一定的社会环境中学习事物的概念，也学习概念的语言表达。概念学习与语言学习过程是同步的，外语学习者学习一种新的语言符号来表达现有概念体系之外的概念。母语和外语的概念体系不可能完全相同，其对应的语言符号的交际也有其自身的特点。第一，在发音方面，由于母语和外语在音标和组合方式上的差异，同一概念的外语表达会导致记忆或阅读理解上的困难；第二，写作，特别是对母语和外语属于不同类型的写作系统的外语学习者来说，他们的视觉适应和阅读习惯会给词汇学习带来困难；第三，在词形方面，不同的构词方法和词形变化给学习带来了困难。一般来说，母语和外语在各个层次上的差异越大，学习者学习外语的难度就越大。当然，也有特殊情况，即越相似，越容易引起误解。

根据语言功能理论，人们对语言的掌握主要体现在以下几个方面：表达、描写、辩论和元语言。任何有能力使用母语的人都可以用母语来完成上述功能，任何语言都可以完成上述功能。重新学习一门语言意味着创建另一个知识体系。根据格式塔理论，新知识的输入必须以原始系统为参照系统，原始系统必然会对新系统产生影响，或者原始系统的大部分或部分必然会成为新系统的一部分。阅读能力的迁移是必然的。分析表明，由于母语的影响，外语学习者在语音、语法和语用等各个层面都表现出系统性的偏差，表明这种迁移是无意识地进行的。由于语言功能、语言手段和语言使用手段的普遍性，语言能力的正迁移是不可避免的。调查显示,外语阅读能力强的学生一般都有较强的母语阅读能力,但母语阅读能力强的人却未必有很强的外语阅读能力。这是由外语阅读本身的特点造成的。

首先,语言能力和技能的正迁移有一定的局限性,一般发生在普遍的语言规则和语用原则中。语言和文化差异越大,正迁移就越少。对于中国学生来说,英语的书面符号、语音规则、语法规则和语用原则与汉语有很大的不同,这些不同不可避免地会阻碍英语阅读理解的速度。从一个书写系统到另一个书写系统,必然会导致视觉反应和大脑信息接收的困难。其次,母语阅读能力和技能的缺乏也影响了正迁移过程和外语阅读能力的快速提高。中国学生缺乏语言学习方面的专门训练。在这种情况下,学生外语阅读能力的培养缺乏一个理想的基础。最后,外语学习者的情感因素会影响阅读,如态度、动机和个性等。

语言是理解世界的工具。语言的词汇结构系统和语义结构系统不仅反映了语言共同体对世界的理解方式,而且反映了一个民族历史文化发展的轨迹。对于掌握了母语基本词汇和基本语法结构的外语学习者来说,对外语词汇和语义结构的学习必然会受到母语和语义知识的影响。此外,母语和目标语之间的距离与这种知识转移密切相关。一些研究发现,51%的中国本土学生在学习英语时会受到母语的干扰。由此可见,母语在外语习得过程中起着非常复杂的作用。如何利用学生的母语知识和语言知识促进正迁移,减少负迁移,是外语教师值得认真研究的课题。

(三)学习动机及兴趣

外语学习是一个非常复杂的习得过程,涉及多种因素,这些因素直接影响外语学习者的外语学习成绩,尤其是外语学习者自身的因素,以及外语学习者的非智力因素,如学习动机、学习兴趣、学习态度等。外语学习者的动机是外语教育工作者重点关注的因素，许多外语教育工作者将动机列为外语学习者面临的最重要的问题。外语学习动机是人类行为动机的一种，表现为对外语学习的强烈渴望和求知欲。它是直接促进外语学习的内在动机，是外语学习者在外语学习活动中积极主动的心理状态。动机性外语学习效果很好，而非动机性外语学习往往把外语学习当成负担，学习效果很差。外语学习动机是直接促使外语学习者通过学习外语达到一定目的的心理动机。不同的社会和教育对外语学习者有不同的学习要求，这反映在不同的外语学习动机上。动机有很多种类，外语学习动机可以概括为以下三点：第一，总体动机，指对外语学习的总体态度；第二，情境动机，指在自然习得的条件下，外语学习者不同于课堂学习的动机；第三，任务动机，指对特定任务的动机。

霍华德·加德纳（Howard Gardner）是最有影响的动机研究专家，他把学习动机归纳为两大类，即"归附型动机"和"工具型动机"。归附型动机是指学习者在目标语社区中有真实或特殊的兴趣，希望与目标语社区中的人更好地沟通，期望参与或融入目标语社区的社会生活，甚至成为社区的一员。工具型动机是指学习者出于某种特殊的目的，如通过考试获得学位，改变其社会地位和资格，或阅读科技文献以从目标语国家获取新信息。

从外语学习动机类型来看，在中国，只有一小部分学习者由于特殊的家庭背景或长期出国的需要而产生归附型动机，大多数学习者产生的都是工具性动机。后者学习外语是出于理解外语信息的需要，而其中的多数学习外语又可以归因于"证书动机"。随着国际交流的日益频繁，"外语热"正在升温。从公民英语考试到大学英语四、六级考试，出现了前所未有的"证书热"，这是不可否认的事实。这些学习者中有许多人的分数很高，但并不代表他们的语言水平很高，他们学习的目的是获得证书，而很少考虑交流的需要和实践能力的培养。大多数大学生学习外语的动机是通过考试、获得毕业证书、就业等。外语教学的目的应该是让学生获得外语知识和技能。考试不是目的，而是手段，它是检验教学效果的一种手段。教学目的与考试之间的正常关系应该是"教什么是教学目的和要求"。如果考试成为目的，教学围绕考试，结果往往是获得证书，却没有得到知识和技能。

总之，外语学习动机与学习态度、学习策略、学习成绩密不可分。外语学习动机一直受到学界的关注，但常常被忽视。教师只有了解学生的学习动机，才能采取相应的策略。如果教师不知道学生的学习动机，就很难教育好学生。

（四）英语阅读环境及阅读材料

毫无疑问，英语阅读环境和阅读材料在很大程度上制约着读者阅读理解能力的提高。

阅读材料的选择是英语教学中的一个关键问题。围绕如何选择合适的阅读材料这一主题，国内外研究者在理论和实践上进行了许多有益的探索，他们指出：应选择使学习者感兴趣、适合学习者语言水平的阅读材料，教师应创造时间和空间，为学生提供自然的阅读环境和恰当的阅读材料。英语学习者对教材的满意度取决于教材本身是否符合自己的标准和需要。这一标准通常由学习者的学习目标、学习期望、语言水平、知识、兴趣范围等因素决定。当阅读材料在各个方面更符合他们的情况时，阅读会给他们带来满足感。相反，当阅读材料在各个方面与学习者不兼容时，它不但不能激发学习者的阅读兴趣，还会使学习者感到疲劳，对阅读产生厌恶。

可见，在以学习者为中心的阅读教学中，阅读材料应以学习者的阅读需求为基础，以学习者的选择标准为准绳。在选择阅读材料之前，教师应该尽可能深入了解学习者的学习目标、学习期望、语言水平以及他们对阅读材料的阅读兴趣、理解困难程度、信息量和文章类型的需求。通过对学习者阅读需求的分析，可以总结出学习者对英语阅读材料的要求，为英语阅读材料的选择提供更客观的依据。

二、英语阅读教学的新方法

随着科技的飞速发展和国际交流的日趋频繁，作为国际性语言，英语的重要地位日益凸显，这无疑推动了我国英语教学的改革，也对阅读教学提出了更高的要求。随着英语教学辅助软件日趋成熟，传统的教学模式和教学手段亟待转型。英语阅读教学的目标可以概括为：培养学生的英语阅读理解能力和提高学生的阅读速度；培养学生的逻辑思维能力和提高学生的阅读技能；帮助学生扩大词汇量、吸收语言和文化背景知识，增强学生的英语语感和培养学生的阅读兴趣。在信息时代，如何转变教学方式，科学有效地组织与实施英语阅读教学，是教师在教学过程中必须思索的问题。近年来，建构主义教学理论在西方发达国家较为流行，它强调以学生的主动性和创造性为中心，从而使学生有效地实现对当前所学知识的意义建构。支架式教学模式是建构主义教学理论影响下的一种较为成熟教学模式，它通过一套与学生原有经验相适应的概念框架来帮助学生学习、理解新知识，以实现知识的建构。

（一）支架式教学的概念及其理论依据

英语教学转型的深入需要正确的教学理论指导。网络多媒体大学英语阅读教学模式主要基于建构主义的支架式教学理论。支架式教学的思想来源于苏联著名心理学家维果茨基（Лев Семёнович Выготский）的"最近发展区"理论。最近发展区即现有发展水平与可能发展水平之间的差距。前者是指学生利用现有知识通过自主学习所能达到的水平；后者是指在现有教育资源和现有发展水平的基础上，通过教师的教学和指导可能达到的发展水平。中国人在学习英语时，负迁移影响很大，学习过程中的错误也很常见。教师应在最近发展区内为学生提供合理的铺垫，搭建过渡性的"支架"，引导学生掌握知识和技能，逐步将管理和学习的任务从教师身上转移到学生身上。

英语阅读教学不应被动地适应当前学生的英语语言发展水平，而应走在发展的前沿，促使学生从被动学习转变为自主探究学习。这种教学模式反映了学生和教师的主体地位，以及学生在学习中的社会互动，结合网络多媒体教学环境，对当前英语阅读教学的转型具有重要意义。

（二）支架式教学在网络多媒体环境下高校英语阅读教学中的应用

传统的"填鸭式"教学强调教学、背诵和实践，存在诸多弊端。随着网络多媒体技术的飞速发展，支架式教学模式日益显示出强大的生命力，已被外语教师广泛应用。支架式教学的理论基础和特点非常适合网络多媒体环境下的英语阅读教学。在支架式教学模式下，学习是一个基于学生现有知识和经验，通过个体与环境的互动进行主动构建的过程，教师是教学过程的组织者和引导者。在支架式教学模式下，整个教学活动由"以教师教学为中心"转变为"以问题讨论为中心"，由"知识传授型"转变为"综合思维能力培养型"，实现了真正意义上的"授之以渔"，而非"授人以鱼"。支架式教学包括五个环节：搭建支架、进入情境、独立探索、协作学习、效果评价。笔者根据英语阅读教学的实际情况，将教学环节简化整合为三个，并对每一环节上教师和学生的角色进行分析。

1. 搭建支架：阅读预习阶段

搭建支架是指围绕当前的学习主题，根据最近发展区建立一个概念框架，然后将学生引入某个问题情境。通过了解学生阅读理解的最近发展区，教师引导学生构建自己的概念框架，然后对不足进行检查和弥补，使学生能够进一步完善自己原有的知识框架，从而最大限度地发挥自己的潜能。在阅读预习阶段，教师将学生分成几个小组，根据学生当前的水平安排相关的预习工作，要求学生通过自主学习掌握语言基础知识和社会文化背景知识。在网络多媒体环境下，教师是整个教学过程的组织者和引导者，要充分发挥学生的主动性，利用情境、合作、对话等要素，提前向学生布置与本节课词汇、语法、文化背景知识相关的预习任务，鼓励学生通过查字典、在线查询和小组讨论学习和理解词汇、语法和相关的社会文化背景知识。在课堂上，教师可以让每组学生交流和讨论预习成果。

2. 以读带写：读写并重的课堂协作学习阶段

读书破万卷，下笔如有神。阅读和写作是两种相对独立、相互依存、相辅相成的技能。阅读是写作的基础和前提，写作能够促进阅读。阅读教学不仅培养了学生扎实的语言技能，开阔了学生的视野，拓展了学生的思维，增加了学生的体验，而且培养了学生的写作技能。写作能力强的人阅读量大，阅读能力强，阅读能力强的人能写出好文章。阅读和写作在英语教学中有着同等重要的地位。在课前预习的基础上，学生通过阅读吸收和储存大量书面语篇信息，建立写作的信息和心理框架，使其更加合理和有意义，进而可以提高写作质量。

协作学习是组织学生分组学习的一种策略，即通过小组协商和讨论，在分享集体思维成果的基础上，实现对当前概念更全面、正确的理解，完成知识的意义建构。协作学习有助于加强学生之间的交流，提高学生的学习成绩和综合运用知识的能力。在读写并重的课堂合作学习阶段，教师应充分把握合作学习的特点,组织和规范合作学习活动,设计生动活泼的课堂活动,及时转换多重角色,随时监控学生的个性化学习和小组合作学习,成为教学活动的设计者、组织者、引导者和监督者。

3.独立探索:课内自主学习和课外自主学习阶段

教师应引导和鼓励学生独立思考,逐步实现从教师激励和引导到学生自主探索的转变。英语自主学习强调以学生为中心,是在教师的指导和帮助下,学生进行知识建构、自主能力培养和情感体验的过程。

基于网络多媒体的英语阅读教学中的自主学习分为课堂自主学习和课外自主学习。课堂自主学习主要是指学生在网络多媒体课件的指导和教师的指导下,自主完成阅读任务。课外自主学习是指学生利用网络多媒体技术,在课外自主完成作业等教学拓展任务。

自主学习是教师用科学有效的学习方法引导学生,为学生发现知识创造学习氛围的过程。自主学习阶段不再片面地以教师为中心,而是以学生为中心。学生能否有效地进行自主学习是教学是否成功的关键。教师的任务是激发学生学习英语的兴趣,充分利用情感因素创造学习氛围,引导和督促学生学习,通过提供学习策略和监控学生的自主学习过程,引导学生将自己的学习策略应用到阅读理解任务中。自主学习并不意味着放任,也需要有效的管理和监督。可采用的方法有小组学习与合作学习责任制、小组成员成长记录、教师指导、阅读评价等。

(三)支架式教学模式下的教学效果评价

教学效果评价是大学英语阅读教学过程中不可缺少的重要环节。科学的评价将产生正确的反馈和良好的教学效果,引导教师采用恰当的教学内容和方法,促使教师不断反思自己的教学过程,进而促进学生的发展。传统的效果评价过分强调现有知识的量化评价，忽视了学生的兴趣、动机、创造力、学习能力和发展能力，使学生成为一台考试机器，这不利于学生的全面、和谐发展和素质教育的全面实施。基于支架式教学模式的英语阅读教学评价不再以学生的学习成绩为依据，而是将学生学习过程的评价与教师课堂教学效果的评价融为一体，包括师生在学习过程中的情感因素和思维品质。支架式教学倡导自主合作学习，强调教学过程中通过师生互动和生生互动唤醒学生的主体意识，使学生成为课堂的主人和发展主体，从而促进学生的全面发展。支架式教学模式下的英语阅读教学效果评价是对学习效果的评价，包括学生的自我评价、小组评价和教师评价。评价内容包括自主学习能力、对小组合作学习作出的贡献、是否完成对所学知识的意义建构等三个方面。在以学生自主学习为特征的网络多媒体教学中，教学评价尤为重要。它不仅是教师获取教学反馈信息、提高教学质量的重要依据，也是学生调整学习策略、改进教学方法、提高学习效率的有效手段。可以通过课堂活动和课外活动记录、在线自学记录、学习档案记录、家庭作业完成情况、考试成绩，评价学生学习的效果，促使学生更有效地学习。

支架式教学模式下的英语阅读教学应表彰优秀群体，鼓励学生自主探究和小组合作，将传统评价方法与网络评价方法相结合，促进改革，使阅读课堂效果评价更加科学合理。支架式教学模式下的英语阅读教学强调师生之间的互动与合作，强调自主合作学习。教师是整个教学过程的组织者、引导者和监督者，教师要通过对各教学环节的合理设计，充分发挥学生的主动性和创造性，使学生有效地实现对当前知识的意义建构，不断提高学生的阅读水平，从而在英语阅读教学实践中取得显著成效。

第七章 英语文化教学理论与实践

第一节 英语文化教学简述

一、文化教学

外语教学中的文化教学是指在外语教学中将语言教学与使用该种语言的国家的国情、文化知识及语言所包含的文化背景知识融为一体的教学形式与方法。文化教学不仅能实现与人们交际或与外语教学有关的文化知识的传授，而且包括研究两种语言的文化的相同之处和差异之处，培养学生对文化差异较高层次的敏感性，并将其用于实际的跨文化交际中，从而实现交际能力提高。

文化意识是指学习者对目标语文化的社会规约、价值观、信念等的知晓。根据人们对文化的知晓程度，学习者的文化意识可以分为以下四个层次：

（1）学习者对明显的文化特征虽然有所了解，但认为它奇特不可理解。

（2）通过文化冲突，学习者了解到与自己文化明显不同的某些有意义、微妙的文化特征，但是仍然不理解。

（3）学生通过理性的分析，了解那些微妙、有意义的文化特征，并从认知的角度认为可以理解。

（4）通过深入体验所学语言的文化，学生学会设身处地从目标语文化的视角看问题，达到视其所视、感其所感的理解。

根据文化意识所划分的四个层次，文化教学应该包括以下两个层面。

（一）文化知识

所谓文化知识，就是指学生需要了解的有关语言文化的知识，包括衣食住行、风俗习惯、生活方式、行为规范等知识，具体如教材或其他学习资源中出现的人物、历史、地理、文学、风俗、艺术等知识。文化涉及的内容很广，因此文化知识也纷繁复杂。

（二）文化理解

20世纪90年代，外语教学界在提出了文化知识传授的基础上，对外语教学提出了进一步的要求，即文化理解。所谓文化理解，是指学生对中外文化及其差异的理解过程或理解能力。文化理解主要包含以下两个方面：

一是正确理解具体的、个别的文化知识或文化现象，理解文化知识或文化现象的背景、渊源、文化含义、宗教含义等，并了解该文化知识或现象所反映或所代表的道德观、价值观、人生观等。

二是客观地看待文化。尽管每种文化中都有精华和糟粕，但文化之间并无好坏之分，我们没有必要去对文化评头论足，但是有必要有选择地传授文化知识。一方面，我们要采取一种客观、宽容的态度对待外国文化，避免任何狭隘的民族主义，避免用我们自己的文化、道德、价值观作为标准去衡量，评判外国文化；另一方面，在学习外国文化时，我们应该坚持自己的中华优秀传统文化，避免盲目地追随、模仿外国文化，同时注意比较本国文化和外国文化，以使自己在跨文化交际中能恰当、得体地进行交际。

综合来讲，文化理解是指在文化学习的过程中理解其内涵，然后转化成自己的行为举止，建立起文化意识。通过对文化理解的认识可知，在文化教学的过程中,一方面,教师要引导学生正确地理解外国的文化现象、文化知识,即既要平等对待外国文化与本国文化,又要承认两者之间的差异,同时要认识到对文化的理解没有绝对的答案,学生可以有不同的理解;另一方面,教师要让学生认识到,理解本国的文化知识是理解外国文化的基础,学生如果不能正确理解本国文化,就很难正确理解外国文化。有的人认为,只有正确理解外国文化,才能理解外语并恰当、得体地使用外语,因而学习外语与本国文化没有关系。实际上,在文化教学中,能否正确理解外语并恰当、得体地使用外语,在很大程度上取决于对本国文化与外国文化的差异的了解程度。因为了解本国文化不但能够帮助学生更加深刻地理解外国文化,提高对外国文化的鉴赏能力,而且可以使学生更准确、深刻地认识两者的异同,最终达到提高对外国文化的敏感度的目的。

总体而言,文化教学应该以提高学生的交际能力为目标,使学生掌握文化知识并增强文化意识,最终理解文化。

二、英语文化教学的任务

当前大学英语文化教学的目标是提升与培养学生的交际能力,具体表现为以下两点。

(一)帮助学生树立多元文化意识

对世界文化多样性的了解,有助于人们建立多元文化意识与观念。不同文化产生的背景不同,是不能相互替代的。基于全球化的视角,各个文化群体之间的交流也日益频繁,因此需要对外国文化予以理解与尊重,努力避免在交际过程中出现冲突。

在大学英语文化教学中，教师应该努力引导学生接触不同文化，让他们对自身文化有清晰的了解，同时以正确的心态对待外国文化，应对世界的多元化。

（二）发展学生的批判性思维

在英语文化教学中，教师应该不断培养学生的批判性思维，让学生对本国文化加以反思，对文化背后的现象进行分析，确立自己的个人文化观念。

三、英语文化教学的意义

（一）文化教学是语言教学的一部分

词汇、语法、阅读、写作等一直都是我国传统英语教学中不可或缺的内容，也是教学的核心任务。但随着英语教学的不断发展，传统的英语教学表现出了很大的局限性，已不能满足社会发展的需要。实际上，随着跨文化交际的深入和文化语言学的发展，文化教学已逐渐发展成为英语教学的一个重要组成部分，并对英语教学产生了重要的影响。例如，学生如果仅仅了解英语的词汇、语法，却不了解英语语言所承载的文化，就难以完全理解并正确使用英语。由此可以得知，语言的学习不可能脱离文化单独进行。从某种程度上来讲，语言教学就是文化教学。

（二）文化教学是语言教学改革的需要

长期以来，我国英语教学一直都将语言知识教学作为重心，而忽视文化对交际的影响。随着新课标在全国各地的不断推进，英语教学目标、英语教学理念、英语教学方法、英语教学评价方式等都发生了非常大的变化。人们普遍意识到学习英语不仅是掌握语言的过程，也是接触和认识另一种文化的过程。文化因素始终隐含在英语学习的过程中，即使是优秀的英语学习者，其交际能力也可能因文化因素而受到限制，他们对周围世界的理解也可能因文化因素而出现偏差。学习英语以及相关的英语文化，对学生从不同的角度观察和认识自我世界有很大帮助。可以看出，文化教学是英语教学改革的需要，因此英语教师要有意识地向学生传授以英语为母语的国家的文化知识，并增强学生对两种文化差异的敏感性，提高学生的文化素质，进而培养学生的跨文化交际能力。

（三）文化教学能提高学生的学习兴趣

众所周知，兴趣是最好的老师，对学生的学习发挥着重要的作用。学生如果对所学内容感兴趣，就会全身心地投入其中，进而高效地完成任务。激发学生的学习兴趣是引发学生积极、主动学习的前提。在英语教学中，不能局限于课文知识的讲授，而应透过语言来看文化，给英语教学注入新鲜的文化内容，使枯燥的英语语言知识教学变得生动活泼、富有趣味，进而调动学生的学习兴趣，激发学生自主学习的热情，提高学生的学习效率。

（四）文化教学是素质教育的必然要求

英语教学的主要任务不仅仅是培养学生的语言能力，更重要的是培养学生的文化素养。英语文化教学就是培养学生文化素质的重要途径。通过英语文化教学，学生可以了解世界各国和各民族的文化历史、风土人情等，借鉴和吸收国外文化知识。更具体来讲，英语文化教学可以为学生扫除英语学习中的那些文化障碍，从而使学生更好地理解和掌握语言基础知识，深化语言能力；英语文化教学可以培养学生的英语思维，使学生跳出自我文化价值的束缚，从而用英语思维客观地看待英语事物；英语文化教学可以有效培养学生的文化敏感性，提高学生处理文化差异的灵活性，进而培养学生的跨文化交际能力。总而言之，英语文化教学能有效巩固学生的英语素质和培养学生的文化素质，是素质教育的必然要求。

（五）文化教学是社会发展的需要

随着我国与世界各国之间交往的日益频繁，社会迫切需要可以用英语进行跨文化交际的人才。跨文化交际能力是在理解对方文化的基础上进行的交流，也就说是，要想顺利得体地展开交流，仅仅具备英语语言知识是不够的，还需要了解交际对象国家的文化历史、风俗习惯和价值观念等。因此，英语文化教学的开展是社会发展的需要。在英语文化教学中，教师不仅要提高学生的语言能力，还要向学生传授英语文化背景知识，引导学生了解汉英文化的差异，进而培养学生的跨文化交际能力，为社会发展培养所需人才。

第二节 英语文化教学的内容与目标

一、英语文化教学的内容

（一）语言文化

1.词汇

（1）形式

汉语是一种非屈折语言，汉语的词汇一般是由一个语素构成的，属于孤立性的语言，因此更倾向于复合构词法。汉语中词缀的数量很少，而且加缀情况也并不固定，因此应用并不是很广泛。汉语名词可以分为集体名词、抽象名词等，没有数的变化，但是可以充当谓语。汉语动词不是造句的核心部分，也不是汉语句子中必需的成分。作为名词的定语的汉语形容词只能位于名词前面，并且需要连接词，如"的"等。

英语属于屈折语言，英语词汇通过词的曲折变化来表示词义或者语法功能的变化，因此英语构词倾向于派生构词法，以至于英语中很多的词汇都是在词根的基础上增加前缀或者后缀衍生出来的。英语名词按照其可数性可以分为可数名词与不可数名词，不可以作谓语。在英语句子中，动词是核心，表达着不同的语法意义，因此动词会有人称、时态、语态等的变化。英语形容词作名词的定语修饰语，可以放在名词的前面或后面，并且不需要连接词。英语中介词众多，几乎所有的介词都可以和其他词语进行搭配使用，因此英语中有大量的介词短语。另外，英语中有相当数量的动词短语，一般是双语素动词和三语素动词。

（2）意义

词汇的意义包括指称意义、联想意义和文化意义。由于汉语语言是由单个字搭配而构成的，因此汉语词义具有明显的语义繁衍能力。英语词汇的意义对语境有很强的依赖性，同一个词语在不同的语境中具有不同的意义，因此英语词汇的意义比较灵活。

英汉词汇的指称意义不尽相同，有些可以完全对应，有些部分对应，有些则完全不对应。联想意义包括内涵意义、风格意义、情感意义、反映意义和搭配意义五种。由于文化和语境的区别，英语词汇和汉语词汇有时候在指称意义上相同，但是在联想意义上有差异。词汇是语言的重要组成部分，对词汇的理解不能脱离其所属的文化和社会语境。因此，在不同的文化背景下，词汇有着不同的文化意义。

2.句法

（1）主谓关系

汉语句子是语义结构，汉语句子的概念基本上是话题评论式的，可以看成话题和说明二分结构。它先提出一个话题，接着评论或解说。话题是语义的，和后面的评论不存在一致关系。话题是说话人想要说明的对象，是句子的主体，是全句中起主导作用的成分，总是放在句子的开头处。评论部分是述说话题的成分，位于话题之后，对话题进行说明、解释。汉语话题的种类是无限的，任何词、任何词组、任何句子都可以是话题。汉语的话题是已定的，是谈话双方都知道的，是说明的中心。

英语句子是语法结构，英语句子的概念是施事行为式的，可以看作主-谓-宾三分结构。英语句子的主语是语法主语，或者是施事或者是受事，句子的谓语是行为，主语要与谓语在人称和数方面保持一致。英语的主语种类是有限的。为了完成英语句子的主谓一致关系，英语句子的主语和谓语一般遵循以下三个原则：语法一致原则、概念一致原则、相邻一致原则。

（2）倒装

汉语句子的话题和评论之间不存在一致性关系，因此没有这种鲜明的标记。当主语和谓语动词错位，两者之间的句法关系就可能被破坏，这就使得汉语句子的主谓倒装受到制约，汉语中的倒装现象远不及英语普遍。

英语句子主谓之间的一致性就是通过谓语动词的语法形式体现出来的，谓语动词的语法形式是一条标记主谓一致性关系的鲜明标志，只要找到这个标志，就可以确定主语的位置。这种句法特点为英语句子中一定范围的主谓倒装创造了条件，使英语句子主谓间的句法性倒装和修辞性倒装非常普遍。

（3）扩展机制

如果从线性延伸的角度考虑，英汉采用不同的延伸方式。汉语采用逆线性扩展延伸机制，逆线性扩展延伸是从右到左的扩展。而英语采用顺线性扩展延伸机制，顺线性扩展延伸是从左到右的扩展。因此，汉语句子的句首是开放的，句尾是收缩的；英语句子的句尾是开放的，句首是收缩的。

英汉句子扩展机制的差异还体现在末端"重量"的差异上。汉语句子向左扩展，通常将修饰语放在名词前面，看起来头重脚轻。英语句子向右扩展，使得词、短语、从句都可以置于被修饰语之后，因此英语句子左短右长，句末的分量较重。

3.语篇

汉语的语篇组织模式是螺旋型，螺旋型结构是汉语语段典型的逻辑序列，以一种循环往复的方式向前推进。这在"八股文"中体现得最为典型："破题"宣示主题的重要性，"承题""起讲""入手"从不同方面展开主题，"起股""中股"对主题进一步展开，"后股"和"束股"对主题反复论述。

值得注意的是，由于受印欧语的影响，现代汉语的篇章组织变得更为复杂，有的是直线模式，有的以螺旋模式为主，也有的是两种模式交叉进行，很难给出绝对的结论。

英语语篇组织模式为直线型，以有秩序的顺序向前推进，先陈述中心意思，然后分点说明。语料统计显示，英语语料中的段落大部分是直线发展的，非直线发展的段落占据的比例很小，大概是15%。

（二）非语言文化

非语言文化也就是肢体语言文化。非语言交际是指通过身体部位的活动来传递思想或情感信息。大部分的人际交流是通过肢体语言进行的。因此，要促进交际的顺利进行,交际者必须了解肢体语言。在不同的文化中,肢体语言传递着不同的内涵。

1. 表情

在身体语中,表情是一种常用的非语言符号。表情是人类社会交往的调节装置,面部结构是精神的直观表现,能反映出柔情、胆怯、微笑、憎恨等多种情感谱系。人类借助表情能展现丰富的情感,阐释话语,调节对话,塑造社交形象。虽然人类传播存在诸多文化差异,但是世界各地的人在表达人类主要情感(如喜悦、幸福、悲伤、惊奇、恐惧、气愤、厌恶)时所使用的表情几乎是一致的。

在不同文化中,表情既有一致性,也有不同之处。受生理因素影响,当人们处于喜、怒、哀、乐的心理状态时,大多有类似的表情,这就是共性;有些表情会因文化不同而有所不同,这就是个性。

需要指出的是,虽然人类的表情基本相似,但是在不同文化中,对于人们在哪种场合表达什么样的情感、表达多少情感的规定是不同的。例如,在地中海地区,对于悲伤情感的表达一般会比其他地区更强烈,男人在公共场所哭泣的场面也比较常见。此外,一些表情在孤立的情况下具有相似性,但是在受到环境因素影响之后,则会呈现出差异。例如,不同文化群体的成员会因为谁在场、在什么地方讨论什么问题等因素的变化而对自己的情感表达进行不同程度的抑制或修正。

2. 目光语

目光语是指运用目光的接触与回避、眼睛睁开的大小、目光接触时间的长短、视线的控制等方式传递信息。

戴尔·莱斯(Dale Leathers)认为,目光语至少承担了以下六种传播功能:表明专注、感兴趣或兴奋的程度,影响态度的变化,调节人与人之间的互动,传递情感，确定权力和身份关系，为"印象处置"确定一个核心角色。

不同文化在使用目光语时存在巨大的差异。例如，在美国黑人文化中，直视对方眼睛是轻敌的表现；在东方文化中，人们不会盯着一个人看，认为这种行为是失礼的；而对于英美人而言，他们将不能直视或躲躲闪闪的目光语视为掩饰、不真诚或缺少自信的表现，所以有"不要相信不敢直视你的人"的说法。需要说明的是，眼神接触应适当，如果紧紧盯着对方 10 秒以上，会给对方带来不适感。

另外，有研究发现，与欧洲其他地区不同，地中海地区的人更擅长使用目光来传递信息。此外，阿拉伯人和拉美人的目光接触比西欧和北美人要多，北欧人、印度人、中国人、日本人、朝鲜人、韩国人、印度尼西亚人的目光接触则比西欧和北美人要少。

3.手势语

手势语指的是用手臂与手指活动传递的信息。手势语包括模仿型、代表型、指挥型三种类型：模仿型指的是用手势模仿一种物体或动作；代表型指的是用一个手势代表一个含义，如用竖起大拇指表示称赞或欣赏；指挥型如合唱队指挥用手势打拍子。

在不同文化中，手势语的使用频率和传递的信息存在差异。从使用频率上来看，美国人和北欧人认为，那些多次使用手势和用力使用手势的人，一般不成熟，过分感情用事，甚至有些粗鲁，所以他们很少使用手势。中东人、南欧人则非常喜欢使用手势，阿拉伯学者曾把阿拉伯人交谈时使用的手势划分为247种。在日本和芬兰，人们较少使用手势，人们所接受的教育是要控制并掩饰自己的感情，因此使用肢体语言较为有限。

从表达信息上来看，美国人的手势主要用以表示动作，犹太人的手势多用于强调，法国人的手势主要用于展现一种风度和克制，意大利人的手势多用来描述复杂的空间概念。此外，在不同文化中一些比较常用的手势所传递的信息内涵在程度上也有所不同。例如，用食指和拇指做出"O"的形状，美国人表示的是"OK"，法国人表示的是"零"或"无价值"。

4. 姿势语

在日常生活中，人们的坐、走、蹲、卧等身体姿态就是姿势语。

不同文化对姿势语的使用也存在一定的差异。中国传统社会对姿势的要求严格，认为人应该坐有坐相，站有站相。直到今天，一些中国人仍旧将跷起"二郎腿"视为一种举止轻浮、缺乏教养的行为。美国人和加拿大人崇尚随意和友好，坐姿和站姿通常较为放松，但是这些行为在德国、瑞典等国家则是粗鲁、不礼貌的体现。比利时人认为，双手插兜是对他人不尊重的行为。

在不同文化中，走路姿势也存在很大的差异。日本妇女的步子碎而小；美国女性走路则步子迈得大，腰挺得直。此外，在不同文化中，蹲的姿势也有所不同。在中国北方农村，人们在聊天和吃饭时习惯蹲着；美国人则认为在公共场所蹲着是一种不雅的行为。

5. 沉默

沉默作为人际交往中的一种主要的非语言符号，包含不同的信息，往往作为语言符号的补充，能将语言符号隐蔽的信息反映出来。

在不同的文化中，沉默可分别表示正在思考、压抑、蔑视、不同意、责备、赞成、原谅、谦恭、允诺、悲伤等不同的意义。

东方文化给予了沉默很多积极意义。中国古训有"非淡泊无以明志，非宁静无以致远"，体现了中国人对沉默的依赖与向往。汉语中有很多成语也告诫人们要少说话，如"言多必失""祸从口出"，而"巧舌如簧""油嘴滑舌"则含有贬义色彩。

阿拉伯文化和西方文化给予沉默更多的消极意义。在这些文化中，沉默是交往中最不理想的状态，沉默是无所事事、无话可说的象征。因此，人们难以忍受沉默，一般会通过提问的方式迫使对方说话。例如，阿拉伯人和希腊人强调朋友之间、家庭成员之间积极的语言交流；对于意大利人来说，与朋友交谈是能带来乐趣的重要消遣方式，也是美好生活的标志。所以，很多西方学者将沉默视为传播的对立面，排斥沉默在传播中的积极作用。

需要指出的是，在某些西方国家中，沉默也可能代表着高度的相互理解和信任。例如，芬兰人就认为，沉默是社会交往活动的重要组成部分，沉默不代表没有交流，懂得什么时候应该闭口是一种美德。

1980年后期，一些西方的传播学者开始对沉默展开实用性的研究。他们分析了沉默这一非语言符号是如何介入传播的，并具体探讨了沉默的积极作用与消极作用。同时，他们还指出沉默属于一种"混合型"的语言，其与人际对话有着密切的关系。正如一些学者所说，话语如果没有停顿，就会使人难以理解，沉默并不是一种间隔，而是声音联合的桥梁。

研究发现，沉默也可以对信息进行传达，尤其是人在词语表达中出现限制的时候，沉默中采用的身体动作、接触、表情等非语言符号对人们交谈中短暂出现的意义空白进行增补。对于那些无力解决的交谈，沉默可以给人一种只可意会、不可言传的效果。因此，有人将语言与传播融合为一体，语言中拥有沉默的知识，如同沉默中拥有语言的知识。

对于沉默的深层次研究，有学者提出了会话的数量原则，即会话中提供的信息应适量，话语的多少应该与环境相适应。不同的群体对人们什么时候开口以及开口讲什么话的认识是存在一定的差异的，这些差异是潜意识的。

哈维·萨克斯（Harvey Sacks）等学者在对如何调动和组织谈话进行研究时，将沉默总结为以下三种样式。

(1) 空白

如果没有人继续谈话或者没有人接替谈话时,这时候会产生空白,而这种空白会给人以不适感。

(2) 空档

如果一个谈话者终止了谈话,而其他人知道谁来接替,但是接替的人还未上场,这时候就会出现沉默。这种沉默主要起着间歇与停顿的作用,但如果持续的时间过长,那么也会给人造成不适感。

(3) 停顿

一般来说,停顿多在一个人说话中出现,是比较自然的一种沉默现象。当说话者停顿下来,多半是为了思考,或者对谈话内容进行改变,这种短暂的沉默是为了避免语言表达中的平铺直叙,可以将传播者的心理活动加以再现。

沉默是表现社会文化特征和心理过程的"话语真空行为",形式与意义结合有很大的不确定性,并存在文化差异。若完全将沉默看作负面的传播现象,忽视沉默与人和语言的正关联,对沉默持否定态度,缺少对沉默的观察,那就无法更好地理解沉默积极的传播意义。

二、英语文化教学的目标

(一) 培养学生的文化意识

文化教学的主要目的是培养学生的文化意识。但是,文化意识也有等级之分,不同的教学阶段应有不同的文化意识培养目标。随着学习内容的加深,文化理解要求也应逐步提高。

具体如下:学生要了解日常生活中的交际用语、文体活动,饮料食品、节日等文化载体，感受文化物质载体的不同；学生理解文体活动、节日、服饰穿戴、体态语的文化内涵，加深对中国文化的了解；学生要理解英语国家的文学、艺术、政治、经济、生活等方面的情况；学生要理解英语的文化内涵，并且能够了解中西文化的差异，理解语言中文化的表现与差异，初步形成跨文化交际意识，对外国文化采取尊重和包容的态度，培养世界意识。

（二）培养学生的口语交际能力

我国英语教学的难点在于：部分学生英语水平较低，没有形成良好的英语学习习惯；许多英语教师还片面注重基础知识的教学，忽视了对学生口语能力的培养，造成了英语学习的极大困难。在新的时代，英语交际能力是每一个学生都应该具备的基本能力。教师在日常教学活动中必须注重对学生实践能力和口语交际能力的培养，创设与英语教学相关的生活场景。例如，在讲到"picnic"这一话题时，教师可以为学生设置一个野餐的场景，可以先让学生讨论并列出野餐所需的食物，然后让学生模拟购物场景来购买食物。在这样的场景中，可以充分调动学生的学习兴趣，提高英语口语水平，提高学习英语的积极性。

（三）培养学生对英语知识的综合应用能力

在对学生进行英语教学时，英语教师必须坚持"实用第一"的理念，根据学生的具体专业和未来的职业规划来设置教学内容，从而为今后的工作需要打下坚实的理论基础。在进行英语教学时，教师还应结合自己的教学实践，合理安排教学内容，在保证学生充分掌握理论知识的同时，加强对学生实践能力的培养，为国家的未来发展培养合格的高级技术人员。在英语教学时，教师必须有机地结合听、说、读、写、译的内容，以提高学生学习英语的积极性，为学生快速适应将来的工作环境打下坚实的基础。在向学生讲解实用文章的写作时，教师可以根据一定的规范制定一些具体的要求，如让学生写一封专业英语信函等，以此锻炼学生的英语实际应用能力。

教师应不断学习和总结自己的学习经验，采用新的教学方法，总结出适合学生的方法。教师可以培养学生模仿和创造习惯。模仿是英语口语学习的开始，也是保证发音准确性的重要手段。在学习英语的同时，学生要勇于探索和创造，探索出一套正确的学习习惯。教师可以培养学生朗读的习惯。朗读有助于训练学生的发音，使语调准确自然，还有助于培养学生预习和复习的习惯。复习有助于巩固课堂上学到的知识。预习可以为下一堂课的学习打下基础，有助于提高下一堂课的学习效率。

英语课程设置要体现针对性、实用性和可操作性。要合理安排英语的课程，增加英语口语的课程，将英语课程分为口语课、听力课、阅读课和写作课四个组成部分，重视英语知识结构和技能的关联性，根据英语口语学习持久性的特点，适当地增加英语口语课时。

教师的教学过程是一个从初级到中级再到高级，从简单到困难循序渐进的过程。在简单阶段，教师主要选择一些与日常生活相关的内容来培养学生的学习兴趣。在中级阶段，教师主要培养学生连贯的口语能力。在高级阶段，学生已经掌握了丰富的口头表达技巧，具备了较强的口头表达能力。在这个阶段，教师应该引导学生更多地运用英语思维。另外，教师要对每个学生的英语基础以及学习能力有一个基本的了解，清楚各个学生的个体差异，对他们采用不同的教学方法，做到因材施教。

第三节　英语文化教学的原则与方法

一、英语文化教学的原则

明确和遵循一定的原则可以使英语文化教学更加有序、有计划和有效地开展。具体来讲，英语文化教学的开展可遵循以下五项原则。

（一）循序渐进原则

同其他学科知识一样，文化知识也有自己的科学体系，因此教师应遵循循序渐进原则，合理安排不同阶段的学习内容，使教学内容符合学生的认知特点和发展规律，使学生由简到繁、由浅入深地掌握文化知识。具体来讲，在文化教学的初始阶段，应以日常生活的主流文化为主；在中间阶段，可以讲解文化差异带来的词语内涵的差异及词语运用的差异；在最后阶段，可以对一些文化差异导致的思维方式、心理方式以及语言表达方式的差异进行分析，使学生深层次地了解英语文化。

（二）以学生为中心原则

学生的需求是教师开展课堂教学、设计和选择教学模式的主要依据，因此英语文化教学的开展应以学生为中心。在具体的文化教学中，教师应以培养学生的自主学习能力为中心，以学生为主体，引导学生感受和领悟语言与文化，进行文化体验，促使学生进行知识与意义的内在构建。具体来讲，在英语文化教学中，教学的设计和活动的安排都要考虑各种因素对学生的影响，不仅要注重英语语言知识学习，还要注重学生对本族语和本族文化的理解和体验、对目标语文化的态度，学生个人的综合素质等。英语文化教学的内容与目标相较于传统的英语教学丰富了许多，但教学时间并没有随之增加，因此为了实现教学目标，培养学生的文化意识和跨文化交际能力，教师需要在以学生为中心的前提下培养学生的自主学习能力。

（三）传授式教学与体验式教学相结合的原则

传授式教学和体验式教学是英语教学中常用的两种教学模式。传授式教学模式是指利用讲授、问答等方式传授知识技能，提高学生认知理解能力，促使学生掌握语言和文化知识，其不足之处是学生多处于被动地接受状态，缺乏实践的机会。体验式教学模式则是以学生为中心，努力为学生创造真实的跨文化及交际情境，让学生在这种情境中感受、体验、认知和实践文化知识。这种教学模式能有效弥补传授式教学模式的不足。这两种教学模式各有所长，因此在具体的教学中教师要注重传授式教学与体验式教学的有机结合，使课堂教学活动多样化，确保教学中既有语言与文化知识的讲解，又有促进认知、培养实践能力的模拟活动、角色扮演等。

（四）因材施教原则

学生的思维、价值观、世界观和文化体验等在英语文化教学中发挥着重要的作用，它们是文化教学的基础。学生跨文化能力的培养需要从学生现有的文化体验出发，将母语文化与目标语文化进行对比，从而提高学生的文化意识。因此，在英语文化教学中，教师应针对学生的特点、个性、学习风格、学习基础等选用合适的教学方法，实施因材施教，并尊重学生的个人体会、价值观念、思想情感等,不能对学生持有轻视、否定的态度。

（五）对比原则

对比原则也是英语文化教学应遵循的基本原则。学生只有在母语文化和英语文化的对比中才能深刻感受二者的共性和差异性。例如,某词语在汉语和英语中的概念意义和内涵意义基本相同,或者某词语在两种语言文化中的概念意义相同,然而内涵意义有区别,再或者某词语在两种语言文化中的概念意义相同,但是只在一种语言中有内涵意义。这三种情况是普遍存在的,并且是通过对比被发现和理解的。

二、英语文化教学的方法

英语文化教学应在遵循一定原则的基础上采用多样化的教学方法开展教学,以有效培养学生的文化意识,提高学生的跨文化交际能力。具体来讲,在英语教学中可综合采用以下几种教学方法。

（一）显性文化教学法

显性文化教学法是一种相对独立于语言教学的,较为直接、系统的,以知识为重心的文化教学方法。该教学方法对培养学生的文化意识十分有帮助。我国学生大多是在汉语环境下学习英语的,因此相较于让学生在课堂学习的过程中自然地了解外国文化,显性文化教学法更加省时、高效。显性教学往往会直接明确地介绍外国文化,这十分有利于减轻学生由于对外国文化不熟悉而产生的困惑,而这种知识也是培养跨文化交际能力的基础。

显性文化教学法大致有两种模式:一种模式是在语言课程之外开设专门的

文化课程，如"英美概况""英美文化""跨文化交际"等，向学生直接、系统地教授英语国家的历史、地理、制度、教育、生活方式、交际习俗与礼仪等有形的文化知识；另一种模式是在语言课程中导入与"语言点"相对的"文化点"，这种文化导入通常是结合阅读课文或听力对话等语言知识的学习，与第一种模式相比系统性相对较差。

（二）隐性文化教学法

交际教学法的产生和发展给跨文化交际教学带来了新的思路，即当注重以交际为目的的语言在一定社会文化背景下使用时，英语教学与英语文化的教学自然地融合起来。这样一来，教学不是直接传授文化知识，而是强调在课堂提供的真实的交际情境中，以交际为目的在使用语言的过程中自然地习得目标语文化，反映了"通过实践来学习"的理念。而这种融入语言学习之中的，较为间接的、分散的、以行为为重心的文化教学法就是隐性文化教学法。

这种教学方法注重语言的社会功能和交际功能，强调将语言教学与文化教学真正地有机结合，提倡"通过实践来学习"，以填补如何教授外国文化的隐形内涵这一空白，尤其是隐含在语言使用中的文化知识和话语规则。此外，学生个体的交际需求也深受隐性文化教学法的重视，对此隐性文化教学法常根据学生的实际情况进行有针对性的教学，从而在有效的课堂教学中使文化教学的效率达到最大化。

（三）文化对比法

所谓文化对比法，就是通过对不同文化之间的交际行为和决定这些交际行为的交际规则、思维方式与价值观念的对比分析来揭示文化的异同点，尤其是文化差异及造成的文化误解和文化冲突，进而研究和提出排除文化差异干扰的有效方法，以促进交际双方的相互理解。通过对文化进行对比分析，可以有效克服在语言学习和语言文化学习中产生的心理障碍。例如，"夏天"在汉英两种文化中的联想意义是完全不同的。在中国人看来，夏天是炎热难熬的，但英国的夏天最高温度也不过27℃，因此英国文学作品中的夏天往往美好而惬意。在具体的教学中，教师可以将中英不同的地理条件和气候条件进行对比分析，以使学生深刻地了解因地理因素而引起的文化差异。

运用这一方法进行教学时，教师要注意应引导学生正确、客观、积极地认识和对待本国文化与外国文化之间存在的差异。一方面要使学生对外国文化持客观、宽容的态度，避免狭隘的民族主义；另一方面也要使学生坚持本国的优秀文化传统，避免盲目崇拜外国文化。

（四）文化讲座法

文化讲座是英语文化教学中常见的一种教学形式。文化讲座是指由教师组织的，以班级为单位，以演讲为主要方式，由聘请的专家、学者对学生进行英语文化传授的方法。这种方法可以扩大学生视野，帮助学生获得更多的英语文化知识。一方面，文化讲座的内容汇集专家、学者最新的研究成果和研究方法以及教师本人的学习心得与体会；另一方面，文化讲座对学生已知、未知、欲知的文化知识进行深入分析，以学生的实际需求为出发点来安排具体的讲座内容，因而可以为学生提供许多宝贵的信息资源，有效帮助学生提高其跨文化交际能力。

（五）文化旁白法

文化旁白是指在进行语言教学时，教师就所读的材料或所听的内容中有关的文化背景知识，见缝插针地做一些简单的介绍和讨论。一般来说，教材所选的课文都有特定的文化背景,可以是作者背景,也可以是内容背景或者时代背景。如果学生不了解或缺乏相关的背景知识,就无法正确理解文章,自然也就不能对阅读理解的问题作出准确的推理和判断。使用文化旁白法不仅能有效地清除部分语言认知的障碍,帮助学生正确理解英语,而且能让学生开阔眼界、增长见识。

文化旁白法有多种灵活的操作方式。教师既可以充当讲解员,也可以运用图片、实物教具或多媒体课件等手段进行讲解,既可以在讲解段落或句子时进行,也可以在听力教学中随时进行。需要指出的是,文化旁白法具有任由教师掌握、随机性大的缺点,而且对教师的要求很高,需要教师具有较强的驾驭语言与文化的能力和一定的教学技能。

(六)文化讨论法

文化讨论法是一种激发学生学习积极性、活跃课堂气氛的有效方法。文化讨论法就是以班级为单位,以教师为组织者,引导学生就某个专题开展有程序的、面对面的讨论,以解决实际问题或解答特定课题。这种方法不仅可以调动学生的学习兴趣和积极性,使他们对所讨论的结果产生深刻的印象,还可以有效培养学生对英语文化的敏感性,使他们在英语学习中善于发现英语文化的特点,并乐于了解和学习英语文化。例如,在教授关于饮食的课文时,教师可先为学生提供一篇介绍西方饮食文化的材料,组织学生就材料的内容进行讨论,然后让学生就中西方饮食文化进行对比、分析、讨论。

(七)外国文学作品鉴赏法

外国文学作品鉴赏法是英语文化教学中常用的一种有效方法。这种方法是指在教师的指导下,学生对文学作品进行多角度的剖析,了解人物的情感,了解不同文化背景下人与人之间的交流和文化冲突。现在，很多学生阅读文学作品仅仅是为了扩大词汇量，而忽视了文学作品中所反映的文化细节问题，如风俗习惯、文化差异等。因此，采用这一方法，可以将学生的注意力转移到文化背景知识上，从而增加学生的文化背景知识。

（八）影视欣赏法

我国学生多是在汉语环境下学习英语，几乎没有机会与以英语为母语的人直接进行交流，但是观赏外国影视作品可以弥补这一缺憾，将学生带入一个英语的环境。而且现在的学生都十分喜欢看电影，对此教师可以通过影视欣赏的方式来引导学生了解西方的价值观念和思维方式。影片中的语言生动、真实，词汇与语境非常贴切，语音能体现出人物的年龄、性别、地域、地位等特点，语速不是教学音频中的标准语速，而是由表达内容、故事情节所决定的真实环境中的语速，这些特点把语言知识与具体情境有效结合起来，为学生提供了真实的语言与文化信息，对学生接触到地道的英语，增长学生的文化知识，提高学生的跨文化交际能力非常有利。

（九）角色扮演法

角色扮演是一种行之有效的文化教学方法。该方法通常由两名或两名以上学生参加，为了完成特定的目标分别扮演不同的角色，然后在教师及其他学生面前进行表演。没有参加角色扮演的学生的任务是以观众的身份观察并发现学习目标规定的某些问题。角色扮演的主题可以是与来自其他国家的人第一次见面、进行国际谈判、在某个陌生的文化场景中拒绝别人等。角色扮演的脚本应该清楚简洁，具有趣味性和戏剧的张力，而且结局应该是开放式的，采用日常生活工作或社交场景中使用的语言。角色扮演的实施过程如下：

第一，向学生说明角色扮演的目的是使他们练习使用某一策略，鼓励他们尝试新的活动。

第二，向学生描述角色扮演发生的情境。

第三，确定参与表演的学生，可以由学生自愿参加或者由教师指定，给每个参与的学生提供所需的背景知识，给他们足够的时间做准备。

第四，指导参与表演的学生做好准备工作。

第五，给观看角色扮演的学生分配学习任务。

第六，布置好表演的场地。

第七，开始表演之后要做笔记，记录表演者说的要点，以便之后开展讨论。

第八，表演结束后，请观众思考：在相似的情境中，有没有其他的解决问题的方法。

第九，请学生回答一系列的问题，目的在于使学生能够描述角色扮演中呈现的问题，给学生思考其他策略的机会。

在文化教学中采用角色扮演法，可以使学生身临其境地接触到相应的文化，增强其对文化的理解和感知。具体来讲，在文化教学中采用角色扮演法可以使参与的学生在人际交往的场景中清楚了解相关技能以及有效的和无效的行为所产生的影响，教师可以对有效行为和无效行为予以更多的控制，参与表演的学生有机会在真实的场景中尝试使用和巩固新技能，有助于提高学生的学习兴趣。

总体而言，英语语言教学要与文化教学相融合，做到在语言教学中渗透文化教学，在文化教学中深化语言教学，这样才能提高英语文化教学的效率，才能促进英语语言教学的发展。

第八章　英语网络教学理论与实践

第一节　英语网络教学的现状

一、英语网络教学中出现的问题

（一）没有根据自身情况进行适当调整

在我国众多学校中，由于硬件条件（学校提供的计算机数量、服务器规模、多媒体教室数量等）或软件问题（如教学软件功能不同），教师的素质（计算机技术水平、语言能力、教学手段）或学生的素质（原有的基本需求和专业需求）等因素不同，实施多媒体教学的方式和方法也不尽相同。因此，每所学校只有根据自身情况进行适当调整，才能在新的教学模式中有所作为。利用现代教育技术实施多媒体教学是一条普遍的原则，盲目抄袭只会扰乱原有教学。此外，多媒体技术只是教学中的辅助工具。新的教学模式对教师提出了更高的要求。教师应该从简单地传授知识过渡到有效地"设计"主题任务、"组织"课堂教学、"引导"学生学习、"评价"学习活动。

（二）网络设备保障不足

一些教师反映，一些学校将英语网络教学改革简单理解为购买一些设备、建设网络中心、连接校园网，完全忽视了英语教学维护的重要性和必要性，以及网络环境下的集成与管理。事实上，多媒体网络在英语教学中的应用对设备和技术提出了更高的要求。但目前由于部分学校对英语网络教学的资金投入不足，硬件配套设备远远不能满足英语网络教学的需要。特别是扩招以来，大部分高校学生人数逐年增加，人均拥有英语学习电脑的比例越来越低，这使得很多学生对利用网络技术学习英语失去了兴趣，利用网络资源或教学软件进行课外自主学习的效率大大降低。一些学校设备陈旧老化，不能及时更新，计算机配置低，网络速度慢，耳机、麦克风和声卡等设备经常出现故障甚至崩溃。在一些多媒体教室中，投影屏幕无法升降，屏幕上的文字和图像不清晰，网络连接不顺畅。这样的在线学习环境浪费了学生宝贵的学习时间，导致学生抱怨不断，严重伤害了学生通过网络学习英语的积极性和主动性，影响了学生利用网络技术提高英语学习效率，阻碍了英语教育目标的实现。由于网络设备不足，一些学校无法保证学生免费上网，这实际上增加了学生的学习成本，也是一些学生放弃使用网络学习英语的原因。因此，学校应加强对英语学习环境的改善和硬件设施的建设，及时更新设备，确保资金投入，切实保证公共英语课堂教学的效果和课外自学的效率。

（三）网络学习配套的评价体系亟待完善

多年来，英语评价体系基本上以考试为唯一手段，尤其是以笔试为主要手段。该评估是在学习阶段结束时对学生学习效果的最终评估。总结性评价一般以学生的考试成绩为依据，如单元考试、期中考试、期末考试、国家四级和六级考试。虽然它们也能反映学生在一定阶段对英语知识的掌握程度，但它们所传递的信息是片面的、静态的，不能真实、全面地反映学生的英语知识应用能力。这些考试只对学生已有的成绩进行评判，简单比较不同学生的成绩，而没有对每个学生的个性、水平、兴趣和进步进行评价，缺乏科学性和完整性。在这一终结性评价过程中，评价主体是教师，学生只是被动地接受教师的评价，缺乏对自身学习过程的理解和反思。这一结果只能导致教师为应试而教，学生为应试而学，极大地阻碍了学生自主学习能力的全面发展。

多媒体网络环境下的英语教学改革不是一蹴而就的，它仍然面临着艰巨的任务，其中之一就是如何对英语教学进行全面、客观的评价。这一问题严重制约了网络环境下英语教学改革的深入发展。

根据评价在英语教学中的作用，目前的评价可分为形成性评价和终结性评价。形成性评价是通过诊断教育计划、教育过程和活动中存在的问题，为正在进行的教育活动提供反馈信息，从而提高正在进行的教育活动质量的评价。终结性评价是指教育活动结束后对教育效果的判断。目前，终结性评价仍然是我国英语教学的主要评价方法。无论是学校、教师、学生还是雇主，大多数学生的英语考试成绩都被用来评估学生的英语学习能力。虽然这种评价方法具有一定的优势、强大的生命力和必要性，但其负面影响不容忽视。它过分强调考试成绩的作用，忽视了对学生综合英语能力的培养。这种功利主义导致相当一部分学生学习英语的动机和目的不是提高自己的综合英语素质，而是在考试中取得更好的成绩，找到一份好工作。这种片面的学习动机很难从根本上调动学生的学习积极性和创造性。相反，由于这些学生过于注重考试成绩，一旦他们的英语成绩下降或不理想，就会产生焦虑、自卑、抑郁等不良情绪，他们学习英语的自信心也会受到不同程度的影响。因此，传统的以分数决定成败的评价方法不能全面评价学生的英语应用能力。我们身边经常有这样的例子：有些学生在英语考试中获得高分，但如果要求他们用英语与他人交流，他们就会不知道如何开口。语言最重要的功能是交流。传统的终结性评价体系已远远不能适应当今社会的发展，在一定程度上制约了学生学习英语的积极性。因此，完善英语教学评价体系,让学生正确认识自己学习的优缺点,是一项十分紧迫的任务,也是教务部门和英语教师的职责。

(四) 多媒体教学资金投入不足

在问卷调查中,有部分英语教师反映,个别学校领导对网络环境下英语教学改革的重要性和必要性以及英语教学提高学生综合英语素质的作用认识不足。部分学校在资金投入、英语师资培训、专业技术人员配置等方面没有做到位,导致部分教师和专业技术人员参与网络环境下英语教学改革的积极性较低,并导致英语教学改革的停滞。以大学英语为例,在制订英语教学计划的过程中,一些高校将英语作为学生的公共课程。在专业课程整合过程中,为了保证学生专业技能的培养,大学公共英语课程已成为压缩的主干课程之一,资金投入十分有限。大多数大学公共英语课每周有四节。这四节课不仅讲解课文,还练习听、读、写。教师厌倦了完成教学计划中制定的教学任务,导致大学公共英语教学改革只停留在口头、会议和文件上,难以在教学实践中实施,阻碍了大学公共英语网络教学改革,降低了教师参与教学改革的积极性和积极性,影响了网络时代大学生英语综合运用能力的提高。

二、英语网络教学中的机遇与挑战

(一) 英语网络教学给英语教师带来的机遇与挑战

在"互联网+"时代,顺应信息技术的发展是教育领域的大势所趋。然而,我们必须深刻认识到,教师是教育教学的基础,信息技术只是辅助教师进行教学的工具和手段。信息技术也对教师提出了新的要求:教师应在教育教学过程中充分利用信息技术，丰富和拓展教育手段和教学内容。信息技术的发展给教师尤其是英语教师带来了更大的机遇和挑战。

教师在英语网络教学中必须改变传统的教师地位、教学理念和传统的教学模式。互联网教育平台为学习者提供了海量的教育资源，教师和学生可以在短时间内同时获得相应的知识。教师不再是知识的"权威所有者"。因此，教师首先要从知识的传授者转变为学生发展的引导者和促进者。在教学过程中，师生共同成长，教师要培养学生的自主学习能力、合作能力和逻辑思维能力。其次，教师应从课程开发者转变为课程理解者。"互联网＋教育"的应用使教师和学生能够获得不局限于一本教科书的课程资源。只要他们连接互联网，就会获得大量的知识。因此，教师应善于利用各种网络媒体和网络资源，合理、恰当地将各种课程资源融入课堂。再次，教师应该成为终身学习者。今天的学生在互联网时代被称为原住民，他们的信息素养可能高于教师。因此，教师必须不断增强学习意识，充分利用互联网信息技术手段，丰富教学组织形式。最后，教师应积极运用互联网信息技术，尝试应用线上线下整合教学模式，真正地因材施教。

教师如何适应和应对英语网络教学的新形式和新挑战？笔者认为，教师要做到以下三点：第一，教师的专业发展必须植入"信息基因"。教师应具备信息思维，掌握信息技术应用能力、信息技术教学技能。第二，教师的教学组织要适应"信息化"。应实现从固定时间教学到在线教学、从单一模式教学到多种模式或混合模式教学的转变。第三，"教学众筹"等新的教育行为模式将出现。通过互联网聚集具有不同教学专业知识的各类教学人员，进行合作分工，完成一个大型教育教学项目的众筹模式，可能成为未来教育的新常态。教师可以通过互联网贡献自己的教学智慧和教学技能，充分发挥自己的教学影响力。

慕课、微课、微信等新兴教学资源为英语在线教学提供了有利条件。翻转课堂不仅是一种流行的教育理念,也是我国多年来教育改革与创新发展探索道路上的重要追求。与微课、慕课相比,翻转课堂产生的时间较早,发展和推广范围广泛。在我国当前的教育理念中,翻转课堂教学模式在学校课堂教学中的应用远比慕课、微课更为广泛。总之,翻转课堂与传统课堂最大的区别是课堂模式,它们在课堂教学气氛和环境上有很大的不同。翻转课堂可以增加师生之间的互动和个性化交流,促使学生自主学习。教师不再是讲台上的圣徒,而是学生周围的导师。翻转课堂的内容被永久保存,可供查阅和修正。所有学生都可以通过翻转课堂接受个性化教育。

"互联网+"时代的互联网通信特点是快速以及方便。英语教学是一种语言学习,会受到语言氛围和环境的影响。英语网络教育有效地利用互联网的优势,在帮助学生学好英语的同时,教会学生在互联网上获取英语学习所需的有效材料,具有多渠道交流的优势,丰富了英语教育的内容,提高了学生学习的兴趣和主动性。英语网络教育可以加强人才培养方案的改革与创新,使学生有效地进行实践学习,在互联网上获取所需的教学资源。英语网络教育进一步加强了英语教学内容和教学手段的改进。

互联网的发展影响了许多人。对于英语教学来说,利用网络进行英语教学改革势在必行。互联网的优势在于它可以丰富教学内容和教学方法,激发学生学习英语的兴趣,调动学生学习英语的积极性,使学生借助互联网更好地学习英语。客观地说,网络给大学英语教学带来了机遇和挑战。一方面,互联网丰富了英语教学的教学内容和教学模式;另一方面,互联网不仅在一定程度上提高了英语教学质量,也对英语教学方法提出了挑战。

(二)英语网络教学给英语学习者带来的机遇与挑战

随着教师教学地位的转变,学生在教学过程中的角色定位、学习观念和行为自然也随之发生变化，学生逐渐从被动学习转变为主动学习。师生之间的互动一方面增加了师生之间的感情，另一方面有助于学生更好地发现自己的缺点，从而更有针对性地学习。

对学生的评价应该更加全面。在传统教学中，学生的成绩主要停留在考试成绩和作业的完成情况上。这种评价方法具有很大的片面性和教师的个人主观性。在信息化背景下，除了考试成绩和作业，更应注重学生的技能和运用所学知识解决实际问题的能力，形成对教师、学生和小组的综合评价。评价体系要更加合理，使学生能够从不同层次更清楚地认识自己、了解自己，可以依托互联网实现移动学习和泛在学习。

英语网络教学主要有以下几个特点：第一，以互联网为核心的信息技术支持学习；第二，学习资源使学习活动得到充分拓展；第三，实时反馈，监控学习效果；第四，大数据的积累进一步优化了学习过程。这种教学模式使学习观念和学习形式发生了巨大的变化，学生真正从学习的对象转变为主体，以强烈的主观意愿学习，带着问题学习，以自己愿意接受的方式学习，以自己的学习习惯学习。

学生是一个充满活力的群体。他们在思想上趋于成熟，自我意识较强，对知识的渴望强烈。他们是一个能够快速接受新事物的群体，渴望在学习中扩大自身的知识领域。同时，他们也希望获得最新的、及时的和新颖的知识。在学习过程中，他们不满足于传统的课堂教学模式和教师单一枯燥的知识灌输。特别是在英语学习过程中，学生需要快速获取大量的知识，从听、说、读、写、译四个方面进行综合学习，阅读大量的语言材料，进行科学灵活的语言训练，尤其是口语和听力训练。传统的课堂教学模式已不能满足学生的需要。多媒体网络教学最大的优点是信息来源丰富，访问方便。因此，只有在网络环境下开展英语教学，英语教学才能与时俱进，更好地满足学生的英语学习需求，满足社会对人才的需求。

首先,利用网络资源,可以丰富和拓宽教材和教学参考资料的内容,获取最新的信息,使英语教学更加贴近生活,更加丰富多彩,更加实用有效。在学习过程中,学生只需点击鼠标即可找到自己的学习内容,或从一个话题跳到另一个话题,从而轻松实现语言知识的链接。在网络教学过程中,学生还可以自主选择各种考试,与教师互动,及时解决学习中的问题。同时,教师还可以与学生互动,相互交流、相互学习。网络教学链接使学生能够自由浏览、学习和复习不同的教材和知识点,极大地满足了当代学生英语自主学习的需要。

其次,在网络学习时代,学生学习的兴趣大大增加,学习的主观能动性增强,为研究性学习提供了物质基础。研究性学习已被提倡多年,但其应用和推广效果并不理想,主要原因是受研究负责人、研究站点、研究资源、研究财力和物力等方面的制约。随着互联网技术的发展,这些问题基本得到解决。

最后,互联网使自主学习成为现实。通过互联网,学生可以轻松地对研究对象进行全面、多角度的观察,对熟悉和不熟悉的人进行大规模的研究。学生依靠网络确立了自己的主体地位,摆脱了被动的学习感觉。

教育信息化是在教育领域广泛运用现代信息技术,优化教育资源、方法和手段,促进教育现代化,以提高教育教学效果和人才培养质量的历史过程。教育信息化的核心内容是在教材编写、教学环境建设、教学方法、教学管理、教学评价等教育领域积极应用现代信息技术。教育信息化是一个动态的、持续的发展过程,其原始动力和直接目的是现代信息技术的教育应用,是充分利用现代信息技术开发利用信息资源,促进信息交流和知识共享,促进教育系统各个领域教育现代化的历史进程。教育信息化的技术特征包括数字化、网络化、智能化和多媒体化,它可以实现开放、共享、交互、协作的教育应用。教育信息化的内涵包括:教育教学环境的信息化,教室、实验室、图书馆、阅览室等基础教学设施的网络化，教育资源和课程材料的信息化，教学模式和教学思想的信息化，教学管理和教学评价的信息化，教学相关人员的信息化等。教育信息化是教育现代化的必由之路，这为各级教育创新和现代化，以及各学科教学的创新和改革提供了新的背景。信息技术进入教育体系后，基础教育、职业教育、高等教育和远程教育开始探索现代信息技术在教学中的应用。就高等教育而言，各学科还要充分利用现代信息技术，优化教学方法、学习方法、教学环境和教学管理，提高教学效果。

在现代信息社会中，具有高效、快捷、方便等一系列优点的互联网对学生的学习还有生活起到不容忽视的巨大影响，充分且正确地运用互联网进行教学，使互联网成为学生学习的好帮手，不仅有助于培养学生在线学习和交流的技能，还有助于开阔学生的视野、激发学生的智慧，而且能有效地激发学生的求知欲以及好奇心，培养学生独立思考和探索的良好习惯，全面教育和培养祖国未来的建设者和接班人。

以教育信息化带动教育现代化，解决制约我国教育发展的问题，是加快教育大国向教育强国迈进的重大战略选择。要实现基础教育"宽带网络校对校、优质资源班对班、人人共享电子学习空间"，建设教育资源和教育管理公共服务平台，推进高等教育，发展职业教育，加强基础教育，促进教育信息化和教育公平。

网络环境下学生自主学习英语的实现也对学生提出了更高的要求。由于中小学应试教育的影响，许多学生已经习惯了课堂上被动学习的方式，教师也习惯于在课堂上讲解知识点，特别是词汇、句型和语法，口语和听力训练很少。进入大学后，一些大学英语教师仍然沿用初中和高中的教学模式，简单地灌输语言知识，缺乏对学生语言技能和语言应用的培训。因此，教学改革实施后，不仅部分教师不适应，而且很多学生也不适应这种新的教学模式。他们的自主能力差,不知道如何在网络环境下进行自主学习,在学习习惯和自控能力方面不能满足网络环境下大学公共英语的要求。尤其是大一新生,他们习惯了高中的"灌输式"教学法,按照老师的要求做笔记和完成作业,把考试成绩作为衡量学业成绩的唯一标准。在网络环境下的大学英语学习过程中,他们需要及时调整学习模式,摆脱对教师的依赖,在观念上成长,学会独立学习,对自己的学习负责,检验自己的学习。因此,在英语教学过程中,改变学生的学习观念与改变教师的教学观念同样重要。让学生认识到课堂学习和网络自主学习是信息时代学生英语学习的必然趋势,是提高学生英语综合应用能力和综合素质的有效途径。

  在信息时代,学生们也面临着挑战。学生阶段是人生的重要阶段,但其身心发展尚未真正成熟。随着信息时代的到来,互联网打破了学生英语教师英语知识的垄断,各种在线学习资源如雨后春笋般涌现。学生应警惕"人云亦云"的现象。此外,丰富的在线学习资源和便捷的英语学习方式也考验着学生的思辨能力和学习能力。思辨能力是个体根据一定的标准判断事物或现象作出决定或得出结论的一种心理活动,包括质疑推理、独立思考、分析和评价。要提高学生的思维能力,不仅要在日常生活中反复培养学生的思维能力,还要根据学生的自学需要巩固基础知识,帮助学生获取正确的知识资源。学习能力是指以快速、简单、有效的方式获取准确的知识和信息,并将其转化为自我能力的能力。它是许多能力训练的基础。学生应提高学习能力,有通过互联网主动获取学习资源的意识,积极利用学校提供的各种在线学习课程和在线自学条件,从被动学习转变为自主学习,从接受性学习转变为探究性学习,从个体分散学习到合作学习。

第二节　英语网络教学的理论基础

一、基础理论

（一）心理学

心理学是研究人类认识世界、获取知识、技能和发展智力的心理规律和心理机制的一般原理。心理学在语言研究中的应用主要体现在输入信息处理和语言认知能力上，并逐渐发展为心理语言学和教学心理学。这两门课程主要研究学生获得英语知识和语言技能的心理过程和发展规律。心理语言学有两个主要的研究方向：行为主义和认知心理学。行为主义学派认为语言本质上是刺激和反应的结合，即语言是人们对外界刺激的反应。反应规律可以通过观察和测量获得，也可以通过外部强化、训练、模仿或塑造逐渐形成。行为主义理论是20世纪50年代以前教育领域的主流教育理论，但随着人们对认知心理学的理解，行为主义理论受到了极大的质疑和批判，并逐渐被行为主义心理学所取代。20世纪90年代，瑞士心理学家让·皮亚杰（Jean Piaget）在认知心理学的基础上提出了建构主义心理学，建构主义心理学成为英语教学与信息技术相结合的主要理论基础。基于心理学、心理语言学和英语教学的相关原理，网络英语教学可以更科学、更有效地培养学生的英语技能，发展学生的智力和个性，提高学生的语言交际能力。

（二）教育教学理论

网络教学属于教育学的一个分支，因此教育学的教学理论也适用于网络教学。教育学的研究对象是教育中普遍存在的教育现象和教育问题,属于一般意义上的教学原则。网络教学以教育学基本理论为指导,研究与英语教学相关的教学目标、教学方法、教学模式、教学环境、教学资源、教学评价和学科理论。可见,教育学为网络教学提供了理论支持,网络教学也拓展了教育学的研究领域,两者之间的关系非常密切。

(三)方法论

方法论是指人们认识和改造世界的一般方法,即在观察事物和处理问题的过程中总结出来的一般规律。方法论是对具体科学方法的概括和总结。科学方法是指人们获取可靠信息、正确解释现象、理解文本的方法。科学方法是科学精神的集中体现,体现了科学的经验主义精神、理性精神和审美精神,充分体现了科学的怀疑主义和批判意识。

科学方法的特点总结如下。①准确地对事实进行分类,并总结内部相关性和顺序;②通过创造性的想象力发现科学规律;③自我批评和自我评价对所有正常构建的心智来说都是同样有效的最终测试。

方法论在教育学中的应用主要体现在系统科学的研究上,即系统科学方法。系统科学是一门以系统为研究和应用对象的学科。研究对象包括物理、化学、生物、心理学、语言、社会等。因此,系统科学方法是包括自然科学、社会科学和思维科学在内的所有现代科学研究的一般方法论。

英语教学是教育者向受教育者传递教学信息的过程。然而,信息传输的效果往往受到信道容量及其传输方式的限制。网络教学中大量的网络资源和网络媒体为教学信息的快速传播提供了客观条件。同时,网络媒体辅助英语教学可以有效地控制教学过程,及时获取反馈信息,调整教学策略,纠正教学进度,优化教学过程,取得理想的教学效果。因此,方法论为网络教学研究提供了不可或缺的理论指导。

（四）绩效理论

绩效是指人们在工作中完成任务的数量、质量以及效益成果等。"绩效"一词源于英语的 performance，原意为性能、能力、成绩、工作效果等。在西方心理学中，绩效则是指与内在心理过程相对的外部行为表现。绩效技术之父托马斯·吉尔伯特（Thomas F. Gilbert）曾说："绩效是一种成就。"在教育界，绩效这个概念也越来越引起教学工作者以及科研人员的关注，他们发现将绩效理论应用到教育教学中有助于提高教学工作的效率，尤其是以信息技术为依托的网络教学。

绩效技术又称"人类绩效技术"，是指对科学理论与方法的运用与实施过程。在网络教学中，绩效技术包括的内容有分析、设计、开发、实施、评价等。任何教育都是有组织、有计划、有目的教育行为，都有其预期达到的教育效果，即总体教育目标。要想达到预期的教育目标，往往可以采用多种教育手段和途径。因此，在制定教学模式时，要充分考虑学生所投入的时间、精力与其获得的学习成果是否成正比，同时还要考虑教学投入与产出的经济价值比问题，有关资本投入的多少、教学模式的选择及媒体手段的采用，一般取决于组织者的需求分析、发展目标、财力状况等因素。

所以，在英语网络教学中应用绩效技术来设计教育、教学方案时，要体现适应性、经济性、可行性等基本原则。

（五）传播学

传播学是研究人类一切传播行为和传播过程发生、发展的规律以及传播与人和社会的关系，社会信息系统及其运行规律的科学。传播学是 20 世纪 30 年代以来跨学科研究的产物，与其他社会科学学科有密切的联系，处在多种学科的边缘。由于传播是人的一种基本社会功能，所以凡是研究人与人之间的关系的科学，如政治学、经济学、人类学、社会学、心理学、哲学、语言学、语义学等，都与传播学相关。传播学与教育学相结合产生了教育传播学。教育传播学是指教育者按照一定的教学目标，选择相应的教学内容，通过有效的媒体把知识、技能、思想、观念传达给受教育者的一种活动。教育传播学结合了传播学和教育学的理论和实践，研究的对象主要为信息传播活动的过程及其规律，研究的内容主要包括：传播过程中各基本要素的相互联系与制约，信息的产生与获得、加工与传递、效能与反馈，信息与对象的交互作用；各种符号系统的形成及其在传播中的功能；各种传播媒介的功能与地位；传播制度、结构与社会各领域、各系统的关系等。传播理论在网络教学中的运用有助于英语教学信息更加有效的传播，对优化英语教学效果提供了理论上的支持。

（六）哲学

哲学是自然知识、社会知识、思维知识的概括总结。因此，可以说哲学是一切自然科学、社会科学以及思维科学的理论基础。英语网络教学同样需要应用辩证唯物主义的认识论和方法论，这些理论的应用有助于构建更加有效的网络教学体系。

在英语网络教学中使用哲学的观点有助于其构成要素之间关系的处理，如教师与媒体之间的关系、教师与学生之间的关系、传统教学与现代教学之间的关系、传统教学资源与网络资源之间的关系等。只有处理好这些构成要素之间的辩证关系才能保证网络在英语教学中发挥更有效的教学作用。

（七）美学

"美学"一词来源于希腊语 aesthesis。最初的意义是"对感观的感受"，18 世纪由德国哲学家亚历山大·哥特利市·鲍姆加通（Alexander Gottlieb Baumgarten）首次使用。它的产生建立在自古希腊以来历代思想家关于美的理论探讨之上，是以往美学理论的体系化、科学化。而古希腊以来的美学理论探讨又建立在人们审美欣赏和审美创造活动的基础之上，是人们审美活动的哲学反思。

美学是从人对现实的审美关系出发，以艺术作为主要对象，研究美、丑、崇高等审美范畴和人的审美意识、美感经验，以及美的创造、发展及其规律的科学。美学在网络教学中得到了充分的体现。从网络资源来说，不同于传统教学单一的文本教材，网络学习资料（尤其是音像教材和多媒体教材）往往包含生动形象的图画、形象优美的语言表达、五彩鲜艳的颜色搭配、悦耳动听的音乐旋律等，这些都是艺术美在网络教学中的具体体现；从教学手法来说，网络技术把原本抽象单调的教学内容形象化、艺术化，并通过多媒体课件等方式展示出来，大大增加了教学内容的趣味性和吸引力。可以说，网络教学从内容到形式都强调通过科学美、教学美和艺术美来传递教学信息，但英语教学中的美应突出一个"真"字，即真实而准确地表达教学内容的科学性，揭示语言本质的客观规律。

二、语言学习理论

（一）行为主义学习理论

行为主义学习理论又称"刺激—反应理论"。行为主义者认为，学习是刺激与反应之间的联结,他们的基本假设是:行为是学生对环境刺激所做的反应。他们把环境看成刺激,把有机体行为看作反应,认为所有行为都是习得的。

行为主义学习理论最早是由心理学家华生于20世纪初提出的,此后在克拉克·莱纳德·赫尔(Clark Leonard Hull)、爱德华·李·桑代克(Edward Lee Thorndike)、斯金纳(Burrhus Frederic Skinner)等的影响下,行为主义学习理论在美国占据主导地位长达半个世纪。斯金纳更是将行为主义学习理论推向了高峰,他提出了操作性条件作用原理,并对强化原理进行了系统的研究,使强化理论得到了完善和发展。

华生认为,人类的行为都是后天习得的,环境决定了一个人的行为模式,无论是正常的行为还是病态的行为都是经过学习而获得的,也可以通过学习而更改、增加或消除。他认为,查明了环境刺激与行为反应之间的规律性关系,就能根据刺激预知反应,或根据反应推断刺激,达到预测并控制动物和人的行为的目的。他还认为,行为就是有机体用以适应环境刺激的各种躯体反应的组合,有的表现在外表,有的隐藏在内部,在他眼里人和动物没什么差异,都遵循同样的规律。

桑代克通过对动物以及人类学习、教学原理和学习迁移的深入研究,提出了一系列关于学习的定律。他认为学习的本质是在刺激和反应之间形成联结,学习的过程是不断尝试错误以形成联结的过程,学习的主要规律可以总结为准备律、练习律和效果律。其中准备律是指学生对某种外界刺激作出反应的前提条件是有所准备;效果律是指学会了的反应,经过多次重复练习后,会增加刺激和反应之间的联结,否则这种联结就会减弱;练习律是指当刺激与反应之间已形成联结时,若反应的结果是积极的、愉快的,那么这种联结就会得到强化,反之则会削弱。

斯金纳在行为主义观点的基础上提出了新行为主义学习理论,其核心是操作性条件反射，即 R 型条件反射。斯金纳认为，人类行为主要是由操作性反射构成的操作性行为，操作性行为是作用于环境而产生结果的行为。斯金纳一生的著作很多，1957 年出版的《言语行为》标志着行为主义在语言教学理论中统治地位的确立。

综上所述，行为主义学习理论有以下几个基本观点：①学习是由刺激情境与正确反应之间形成的联系构成的。②学习过程是一种渐进的"尝试与错误"直至最后成功的过程。学习进程的步子要小，认识事物要由部分到整体。③强化是学习成功的关键。

网络教学中的刺激源主要是学生使用的网络资料，如图像、视频、动画、文本等，学生受到这些刺激，产生相应反应，从而达到记忆的效果。网络教学的主要特点是重复性的语言训练，即通过大量的刺激源不断重复进行"刺激反应"理论，从而实现语言的习得。将行为主义理论应用到英语网络教学中有利于实现个性化教学，如成绩较好的学生可以利用网络资源学到更多课本上没有的知识，进一步提升语言技能，学习较为落后的学生可以根据自己的情况制定适量的学习任务并努力完成。

行为主义学习理论中的"刺激—反应"理论对网络课件的设计也有很大的启示作用，具体如下：①即时反应。反应必须在刺激后立即出现，如果刺激和反应的间隔太长，反应将被淡化。②重视重复。重复练习能加强学习和记忆，引起行为比较持久的变化。③注意反馈。让学生知道反应正确与否，及时给出反馈，这种评价对学习非常有用。④逐步减少提示。在减少条件的情况下，使学生的反应向着期望的方向发展，从而引导学生顺利完成预定的学习任务。

行为主义学习理论促进了视听教学、程序教学及早期计算机辅助教学的发展，但行为主义学习理论有很多不足：它完全否认人类学习的内在心理机制，把动物实验的结果生硬外推至人类的学习，忽视了人类的主观能动性，难免走向机械主义和环境决定论，受到认知主义等学习流派的批评。

（二）认知学习理论

认知学习理论是通过研究人的认知过程来探索学习规律的学习理论。一般认为，认知学习理论来源于早期认知理论的代表学派——格式塔心理学的顿悟说。但是，认知学习理论的真正形成却是20世纪六七十年代的事情。

从认知学习理论的背景来看，它是心理学与邻近学科交叉渗透的产物。控制论、信息论，以及计算机科学与语言学的发展，直接影响认知学习理论的产生与发展方向。认知学习理论中的许多重要观点都是在结合以上这些学科相关研究成果的基础上得出的。例如，美国教育学家罗伯特·米尔斯·加涅（Robert Mills Gagne）的累积学习的一般理论模式，就直接借鉴了控制论与计算机科学的某些重要的思想。

认知学习理论也是心理学自身发展的结果。在过去的几十年间，学习理论经历了重大的变革。前半个世纪，占主导地位的关于学习的概念是以行为主义原则为基础的，学习被看作明显的行为改变的结果，是能够由选择性强化形成的。因此，在行为主义者看来，环境和条件，如刺激和影响行为的强化，是学习的两个重要的因素，学习等同于行为的结果。然而，这是与事实相违背的。杰罗姆·西摩·布鲁纳（Jerome Seymour Bruner）认为，在学习过程中，我们必须考虑到以往的认知结构对现有的学习过程的影响。由于行为主义学习理论在研究中不考虑人们的意识问题，只是强调行为，它把人的所有思维都看作由"刺激—反应"间的联结形成的。这就引起了越来越多心理学家的不满，他们放弃了对行为主义的研究，转而研究人的内部心理过程，从而促进了认知主义学习理论的发展。

认知学习理论的基本观点包括以下几点：①人是学习的主体，学习的过程并非刺激与反应的直接联结，而是一个主动形成和发展认知结构的过程，是在内在动机的推动下，学生主动对新知识加以选择、转换、储存和应用的过程。②人类获取信息的过程是感知、注意、记忆、理解、问题解决的信息交换过程。学习过程不是渐进的尝试与错误的过程。学习是突然领悟和理解的过程，即顿悟。③学习是信息加工过程，人们对外界信息的感知、注意、理解是有选择性的。人脑好似计算机，应建立学习过程的计算机模型，用计算机程序解释和理解人的学习行为。④学习的质量取决于效果。学习绝非盲目地尝试。认识事物首先要认识它的整体，整体理解有问题，就很难完成学习任务。⑤外在的强化并不是学习产生的必要因素，在没有外界强化的条件下也会出现学习。

（三）人本主义学习理论

人本主义学习理论是 20 世纪 50 年代至 60 年代在美国兴起的一个心理学的重要派别。人本主义心理学主张从人的直接经验和内部感受来了解人的心理，强调人的本性、尊严、理想和兴趣，认为人的自我实现和为了实现目标而进行的创造才是人的行为的决定因素。它所提倡的学习理论，不像行为主义和认知心理学那样，从验证性研究中得到原则后再形成推论，而多半是根据经验原则提出观点与建议。此外，人本主义学习理论不限于对片面行为的解释，而是扩大至对学生整个成长历程的解释。

罗杰斯认为，人类具有天生的学习愿望和潜能，这是一种值得信赖的心理倾向，它们可以在合适的条件下释放出来。当学生了解到学习内容与自身需要相关时，他们学习的积极性最容易被激发出来。在一种具有心理安全感的环境下，学生可以更好地学习。罗杰斯还认为，教师的任务不是教学生知识，也不是教学生如何学习知识，而是为学生提供学习的手段，至于应当如何学习则由学生自己决定。教师的角色应当是学生学习的"促进者"。人本主义心理学的目标是对一个活生生的完整的人进行全面描述。人本主义心理学家认为，要改变一个人的行为，首先必须改变其信念和知觉。人本主义者特别关注学生的个人知觉、情感、信念和意图，认为它们是导致人与人的差异的"内部行为"，因此他们强调要以学生为中心来构建学习情境。

罗杰斯把学习分为两种类型：认知学习和经验学习，相应的学习方式也分为两种：无意义学习和有意义学习。无意义学习是指学生所学的内容没有个人意义，只涉及学生心智发展，不考虑学生感情因素。有意义学习不仅是学生增长知识和技能的学习，更是一种与个人经验融合在一起的学习，是一种使个体的行为、态度、个性发生重大变化的学习。

人本主义教学观主张有意义的学习，即学生的自主学习。教师在教学中的任务不是教授学生知识，而是为学生提供学习资料以及营造激发学生学习积极性的气氛，让学生自主安排学习。教师促使学生学习的关键不在于教师的语言能力或教学技巧，而在于特定的心理气氛因素，具体表现为对学生的尊重、关注和理解。教师要创设自由宽松的学习气氛，激发学生的学习积极性，从而促进学生学习和成长。

英语网络教学的理念符合人本主义教学观。首先，英语网络教学注重的不是语言知识的灌输，而是语言应用能力的培养。网络教学软件提供了理想的语言交流条件，学生随时可以通过网络交流软件进行语言练习，从语言实践中习得语言。其次，网络教学以学生的自主学习为主，教师起辅助和监督教学的作用。除此之外，教师还可以给予学生情感上的帮助，及时解决学生学习中遇到的情感问题，帮助其更加高效地完成学习任务。

三、建构主义理论

建构主义又称结构主义,最早是由瑞士心理学家皮亚杰于1966年提出的,是认知理论的一个重要分支。建构主义源自对儿童认知发展过程的研究。由于认知发展过程与学习过程有密切的关联,因此建构主义可以很好地解释人类在学习过程中的认知规律。

皮亚杰认为,个体对于外界知识的认知是在人与周围环境相互作用的过程中形成的。这一过程涉及同化与顺应两个基本过程,同化是指个体把外部环境中的有关信息吸收进来,并且与已有的认知结构相互结合的过程;顺应是指当外部环境发生变化,而个体原有的认知结构无法将其同化,从而引起原有认知结构重组和改造的过程,即个体的认知结构因外部刺激而发生变化的过程。个体通过同化过程来扩充原有认知结构数量,通过顺应过程来改变原有认知结构,并且通过同化和顺应这两个过程与外界环境保持平衡,并在"平衡—不平衡—平衡"的无限循环中不断地扩充和丰富自己的认知结构。

20世纪80年代以后,皮亚杰的建构主义理论逐渐应用于教学领域,最终形成了建构主义学习理论,成为国际科学教育改革的主流理论。建构主义认为,学生的学习过程不应是被动接受知识的过程,而是学生主动构建自身知识与经验的过程。教师的职责也不应是填鸭式地对学生传授知识,而是为学生创造一定的学习情境,使学生凭借自身已有知识和经验,通过与他人的交流或对学习资源的探索,使原有的知识和经验得到不断的扩充。

建构主义学习理论认为,学习不是知识简单地从传授者到学生的单向输入,而是通过学生将原有知识经验结构与新信息相互结合实现的。学习应该通过学生的高水平思维活动实现,而不是通过简单的死记硬背实现,正如皮亚杰的观点:"认识是一种以主体已有的知识和经验为基础的主动建构。"学习要构建关于事物及其过程的表征,但它不是外界事物的直接翻版,而是通过已有的认知结构对新信息进行加工而建成的。在这个加工过程中,每个学生都以自己原有的经验和知识结构为基础,对新信息进行认知和解码,构建自己的理解。同时,原有知识由于新知识的介入而发生调整和改变,即建构主义中个体认知的同化和顺应过程。如此一来,学生获得知识的多少不再取决于学生对教师所传授内容的记忆能力,而是自身构建知识结构的能力。

与建构主义相对应的是客观主义学习理论,这一理论主张知识是客观的,是外化于人脑的,教学就是老师将既有知识灌输给学生的过程。而建构主义的教学理论认为,老师在教学中的责任应是帮助学生自主构建其对知识的理解。这两种理论的正确与否至今仍是教育界热议的话题。近年来,教育界普遍认可的一个说法是,客观主义教学理论和建构主义教学理论各有利弊,两者应互相结合并取长补短,才能实现最有效的教学效果。

四、社会语言学理论

(一)交际语言教学理论

交际语言教学理论主要来自交际能力理论和功能语言理论。交际能力理论是由美国著名社会语言学家海姆斯于 1972 年提出的,他认为语言的交际能力必须包括两方面的内容:一是语言必须符合语法规则;二是语言在情境中具有可接收性。功能语言理论是由英国语言学家韩礼德提出的,他认为语言具有多种功能,包括交际功能。

交际语言教学理论提出的主要观点有:①语言的主要用途是人际功能和交

际功能。②语言的结构反映了它的功能和实际用途。③语言的主要单位不仅仅是语法和结构，还包括功能和交际范畴。

由此可见，英语教学不仅要重视学生对词汇和语法等基础知识的掌握，更要重视学生语言应用能力的培养。

交际语言教学理论主张教学以学生为中心，注重学生语言交际能力的培养。这一理论的支持者认为，学生掌握交际能力以及语言能力的主要途径是以语言交际为主的实践活动，因此教学活动应以培养学生的交际能力为主要宗旨，而不是背诵单词或是学习语法。交际法还强调语境对语言学习的重要性，重视教师与学生、学生与学生之间的互动交流。为了创造更多的交流机会，教师应在教学过程中多安排任务型的语言学习活动，如小组讨论、互动游戏、话题辩论、角色扮演等，这些活动可以帮助学生在有意义的情境中训练语言交际能力。

交际法理论在网络教学模式中得到了充分的应用。网络技术为学生听、说、读、写各项技能的训练提供了良好的语言环境，它能够模拟语境，提供语言交际环境以及丰富的语言学习资料，能够提供完成各种学习任务所需的工具，从而促进有意义的语言输入和输出，实现在语言实践过程中培养学生的语言交际能力。

（二）社会语言学理论

顾名思义，社会语言学是研究社会与语言关系的一门学科，这一学科兴起于 20 世纪五六十年代，并涉及语言学、人类学、交际学、社会学、社会心理学、大众传媒等多个领域，属于边缘学科。社会语言学的学科性质可以归纳为以下几点：①社会语言学具有较为广泛的外延性。②社会语言学带有显著的跨学科特点。③社会语言学注重社会、语言、文化之间关系的讨论。④社会语言学注重语言与社会及语境因素的内在关联。⑤社会语言学试图结合语言使用,通过考察社会对语言的影响,以及语言的社会意义等现象,对语言学问题提供一种不同于单纯的结构分析的描述与解释。

社会语言学根据研究范围的不同,可分为宏观社会语言学和微观社会语言学。宏观社会语言学主要研究的是民族或区域语言状况以及语言与社会环境发展之间的关系,如语言规划、语言政策、语言规范化、双语教育等语言问题。微观社会语言学主要研究的是社会发展过程在语言中的反映,各种社会因素(如性别、年龄、种族、社会阶级、教育水平等)与语言之间的关系。

社会语言学根据研究方向的不同可分为理论社会语言学和应用社会语言学,理论社会语言学主要的研究对象是语言变体以及言语群体结构。应用社会语言学主要研究的是导致语言使用不平等现象的社会及政治因素。

社会语言学强调学生语言习得的社会性,认为语言的学习是在某一特定语言团体中,通过大量的实践学习和社会交际而实现的。因此,在语言学习中,应多为学生提供具有真实性的社会交际的机会,使他们能够将课堂上所学的知识真正应用到社会交际中去。以计算机为媒介的英语网络教学模式是社会语言学理论的最佳体现,网络教学提供了大量的虚拟交际活动、合作学习活动以及跨文化学习活动,并且将这些活动扩大到全球范围,真正为语言学习营造了最佳的社会环境。

第三节　英语网络教学的模式

一、微课教学模式的实施

（一）微课选题

微课的开展是以某一特定主题为基础的，这些特定的主题可以是某个知识点、某个核心的概念、某一教学活动或者某一教学环节，其具有明确的教学目标和内容，并且能够在较短的时间内解释清楚，激起学生的学习兴趣，使学生较快掌握该特定主题的内容。

微课教学的内容可以是技能演示型、知识讲解型、知识拓展型、题型精讲型、方法传授型、总结归纳型、教学经验交流型或者教材解读型等。

微课选题应该具有生动性、有趣性、准确性和实用性，形式上也应短小精悍。对于那些与主题不相关、凸显主题不明显、没有任何特色的内容或活动，在设计和制作中可以摒弃。

（二）教学设计

在设计微课教学时，要注意尽量降低学生的认知负荷。根据认知负荷理论，学习材料的组织方式、呈现方式、复杂性以及个体的先验知识是影响学生认知负荷的基本要素。但是，由于微课具有内容短小、主题明确等特点，因此要想在较短时间内保证内容的清晰和生动，就要将复杂问题简单化，避免给学生带来太大的压力，即适度安排原生性认知负荷，尽量减少无关性认知负荷，实现认知负荷的优化。

（三）视频制作

微课教学的核心就是视频的制作，微课多采用视频的形式呈现教学过程。微课视频的过程要尽量简短，这是与记忆的信息加工理论相符合的。

在制作微课视频之前，可以开门见山地引出主题，或者采用承上启下、设置悬疑等形式，也可以从学生熟悉的视角出发引入主题。相比较而言，后者的效果更好。在内容讲解上，微课视频应该清晰，随着教学主题逐步展开，突出重点。在教学过程中，教师应该采用恰当的方法集中学生的注意力，使他们不被外界干扰。在收尾上，微课视频应该确保简洁明了，给学生留下足够的回味、思考空间，这样可以减少学生的记忆负担，加深学生的印象。

（四）辅助材料

除了视频，微课的开展还需要准备与之相关的支持材料，对微课视频教学进行辅助。通常，这些支持材料包括教学设计的教案、教学设计的学案、课程教学内容简介、教师课后的教学反思、学生的反馈、专家的点评等。但是，这些支持材料并不是都包含在内，不一定样样都有，教师应该从教学内容、教学目标出发，进行选择。

（五）上传与反馈

微课视频、相关支持材料设计与制作完成后，应该上传到网络。如果是为了专门的教学而设计与制作的视频，就应该上传到教学网络平台，并且对用户的评价进行反思，作出反馈。

现在与微课教学相关的网络平台并不是很多，大多是为了参加微课视频设计与制作的竞赛而设立的，这呈现了明显的评比色彩。要针对微课教学特点营造网络学习环境，进行深入的研究与开发，以便为英语教学提供指导。

（六）评价与修改

微课教学的评价需要考虑三个层面：教育性、技术性以及应用性。

1. 教育性

微课教学的教育性主要包含教学目标的设定、教学内容的组织、教学策略的使用等层面。具体而言，教学目标应该设定明确，教学主题应该明确凸显；教学内容应该组织有序，并且每一环节都应该安排恰当、承接自然，单元知识应该有完整明确的说明；教学策略应该更新颖，表现形式恰当、生动、有趣；配套的学习资料不宜太多，要把握适量原则，并且能够与教学主题紧密结合。

2. 技术性

微课教学的技术性主要涉及微课本身的艺术性、微课平台的共享性等。微课视频应该确保技术规范性，即码流的速度和分辨率都是严格按照规定设计的。在布局上，应该保证美观、协调，文字与色彩合理搭配，与学生的认知风格相符合。

3. 应用性

微课教学的应用性是建立在其教育性与技术性的基础上的，如果微课教学具有良好的教育性和技术性，那么必然能够保证良好的应用效果。

总而言之，教师应根据具体的教学内容、学生的学习情况等设计有效的微课，以便更好地服务于英语教学，提高教学的质量和学生的学习效率。

二、慕课教学模式的实施

在英语教学中运用慕课教学模式时，应注意以下几个方面的内容：

（一）课程设置体现多样性

就目前的英语教学而言，慕课改变了传统英语教学模式单一的状况。就师资力量来说，传统的英语教师资源非常有限，所讲授的课程针对性也不强。就教学材料来说，当前大多数高等院校使用上海外语教育出版社出版的《新世纪大学英语》和高等教育出版社出版的《大学体验英语高级教程》以及外语教学研究出版社出版的《新视野大学英语》等，教材品种相对单一。就课程设置来说，虽然各大高校都设置选修课，但是这些选修课大多是为英语四、六级考试设置的。

时代的发展促使英语选修课程的指导思想向分类指导、因材施教的方向发展，而网络的发展能够为英语选修课程提供不同层面的支持。通过网络，教师可以了解学生选修课程的偏好，利用大数据技术分析学生的偏好，获得学生的需求数据，从而调整相应的课程内容，来满足学生的需要。基于此，在信息化时代下采用慕课教学可以有效吸引学生的注意力，激发学生学习英语的兴趣，使学生根据自己的需要和兴趣来选择课程，从而提高自身英语学习的效率。

（二）上课方式多样化

英语教学改革的不断推进使得现在的教学形式不再像以前那么单一，但是仍旧以教师的教授为主。在信息技术普及的时代，实施慕课教学要求上课方式多元化，学生可以围坐在台式电脑前学习，也可以每人手拿平板电脑学习。

（三）考核方式多样化

在英语教学中运用慕课教学模式要注意考核方式的多样化。如果仅仅依靠传统的笔试或者论文写作，就会难以测试出学生的实际水平。在慕课教学模式下，考核方式的多样化主要涉及两点：一是探索个性化考核方式，即根据不同层次的考生设置不同的测试题目；二是探索开放性的考试方式。总而言之，无论是个性化考核方式还是开放性的考核方式，其目的都是激发学生的学习积极性和学习兴趣。

（四）教师积极发挥作用

慕课教学模式的意义与优势是显而易见的，但是在肯定和适应慕课的同时需要注意以下两点：首先，英语慕课教学模式还有待完善，因为需要对教师进行培训，还需要准备与之配套的教学硬件设备。其次，学生自身水平存在差异，因此要想让不同层次的学生适应慕课模式，也需要很长一段时间。如果将所有的教学内容置于网上，那么那些本身自制力差的学生就更容易放弃。

所以，在慕课教学模式中，教师仍旧扮演着重要角色。首先，教师应该积极探索能够激发学生主动性和积极性的慕课课件。其次，教师需要对学生的基本情况有一个清晰的了解，保证慕课课件能够被大多数学生理解和把握。最后，教师需要了解不同学生的自主学习能力，锻炼学生的心理素质，使他们尽快适应新兴的教学模式。

总体而言，信息技术的发展、网络多媒体的广泛运用推动了新的教学模式的产生和发展。在英语教学中，教师应紧跟时代发展的步伐，更新教学理念，根据教学以及学生的具体情况，合理并充分利用微课、翻转课堂、慕课等新型的教学模式，从而提高英语教学的效率，提升学生的英语综合运用能力，促进英语教学的发展。

三、翻转课堂教学模式的实施

（一）课前安排

在课前安排方面，教师要为学生准备充分的学习资料，如英语参考书籍、电子教材、微视频教程、国内外相关英语专题的网址等。下面以微视频的设计为例进行说明。微视频是目前翻转课堂常用的学习资源，它具有很强的针对性，是课前学习的核心内容。教师可以根据每堂课的课堂学习目标准备两三个微视频，一个微视频仅介绍一个知识点就足够了，如果内容太多会影响学生的学习与理解。对于微视频的设计，教师需要注意以下几个方面：

1. 电子教材的设计

在设计电子教材时应注重内容的完整性。也就是说，纸质教材的内容及附加的包含音频、录像、解释材料等在内的内容应包含在电子教材中。此外，还有语料库数据、相关网站等资料，可以以链接的形式加入电子教材，以便教师和学生使用。

除具备完整性外，电子教材的设计还应遵循以下几项原则。

（1）模态协作化原则

由于电子教材的设计涉及多模态形式，在运用多模态时需要考虑以下几个因素：一是现有的设备条件是否适合使用多模态，能否为教师留有选择的空间；二是运用多模态能否产生正面效应，其教学效果如何；三是多模态的运用是否会出现冗余，要避免产生浪费；四是多模态形式是否能够进行强化和互补。

（2）模态分配分类化原则

模态分配分类化是指根据不同的教学条件和教学对象来分配不同的模态

组合。著名学者陈敏瑜在对多模态进行研究时，发现高校教材中的绘图大多为纲要式或者抽象式图表，而小学教材多为漫画式，这就说明教材的编写是根据学生的认知能力和基础知识界定的。因此，教师在设计电子教材时同样需要考虑学生的认知能力和知识水平，如文科生适合形象化的模态，而理科生适合抽象化的模态。

（3）模块化原则

模块化是指电子教材的设计以阶段性目标为核心，根据这一目标为学生设计教材，并在此基础上设计完成任务和目标的措施和方法，指导学生根据步骤来学习，为实现自己的目标努力。

（4）协作化原则

在多模态学习的环境下，学生要进行协作，以小组的形式来完成学习任务，实现学习目标，进而提升整个小组成员的知识水平。

（5）个性化原则

电子教材设计的个性化是从学生的个性特点出发来组织教学的。由于学生的起点不同，其使用的模态必然不一样。为学生提供多种可供选择的教学模态，有助于提升学生的学习兴趣。

2.微视频的设计

在翻转课堂教学中，微视频是最常用的学习资源，其具有很强的针对性，是课前学习的核心内容。对于微视频的设计，教师需要注意以下几点：

英语教学视频的视觉效果、互动性、时间长度等都会对学生的知识习得产生影响。在微视频中，教师要对学习内容进行合理设计，并设计课前练习的难度与数量等，以帮助学生将新旧知识结合起来。

学生在课前学习的过程中可以利用网络软件与其他同学展开积极的沟通与交流，排除自己学习过程中的疑问与难题，促进彼此学习成绩的共同提高。

在设计微视频时，教师还需要顾及学生的适应能力，学生在刚接触视频学习时往往很难集中注意力听讲，只是专注于记笔记。为了改善这种局面，教师可为学生提供视频的副本，解除学生的后顾之忧，引导学生关注档期视频中的学习内容。

在微视频的制作上，教师要重视整体的视觉效果，还要突出学习的要点和主题，根据知识结构来设计活动，为学生构建内容丰富、形式新颖的平台，让学生对微视频学习产生更大的学习积极性。

微视频制作完成后，教师可以将视频上传到学校的网站上，方便学生随时下载学习。

当学生完成微视频的学习后，教师要让学生对自己的学习情况进行总结。如果遇到问题，学生可以将这些问题反馈给小组长，然后由小组长向教师汇报。

（二）课堂教学

翻转课堂教师模式的教学过程大致可分为五个步骤：合作探究、个性化指导、巩固练习、反馈评价和课程总结。

1.合作探究

首先，要将学生合理分组。合作学习实际上就是小组学习，在合作学习中组员之间的结构是十分重要的，因此教师在分组时要注意各小组成员在能力水平、知识结构上的多样化。合理分组可以均衡小组成员自身的各项特点，从而有利于他们开展良性的合作与竞争。一般来说，各小组成员应该遵循"组间同质，组内异质"这一原则，保证小组成员具有不同层次的知识水平，增强小组内能力欠佳学生的积极性，从而更好地完成任务。另外，在小组内部，各位成员都有自己的位置，会在不同的任务阶段发挥不同的作用，从而顺利解决问题并完成教师安排的学习任务。

其次，策划和提出学习过程中的问题。小组和合作的内容要具有操作性，即设置的问题要能进行讨论。在课堂开始之前，教师应该根据不同的学习内容和任务明确分组的原则，明确规定小组内各个成员的任务以及完成任务的时间。在合作学习中，教师处于引导者的地位，需要为不同的学习小组设置不同的学习任务，使各个小组间能够相互合作、共同学习、共同进步。

最后，注意学习任务的合作应用与过程控制。小组合作学习并不是在任务开始时就要求学生一起完成任务。事实上，在任务刚开始时，教师应该让小组各成员根据任务的要求开展讨论与研究，让他们进行独立思考，这有助于培养他们的思维能力，之后小组各成员之间开始就自己思考的结果展开交流，在讨论中发表自己的观点，最终就所有的观点与看法经过汇总后达成一个每位成员都满意的结果。当然，小组内还需要一个发言人，这个发言人需要将观点和看法反馈给教师。

2.个性化指导

个性化指导指的是教师为小组成员解答问题。在小组成员合作探究学习的过程中难免会遇到各种各样的问题，教师可以针对这些问题展开具体化、个性化指导，帮助他们扫除学习进程中的障碍。当然，如果各小组遇到的一些问题具有普遍性，那么教师可以集中予以回答。

3.巩固练习

教师为学生进行个性化指导之后，各小组成员对学习任务的结果进行总结和归纳，然后通过一定的练习来加深印象，对学习进程中的重点、难点及时进行巩固。另外，这一阶段需要各个小组之间进行学习与交流，实现经验与知识的共享。

4.反馈评价

在完成合作学习之后，还需要对小组合作学习的结果进行评价。对小组合作学习结果的评价主要包含两个方面：一是对学习过程和结果进行评价，二是对小组及小组内成员进行评价。也就是说，教师不仅要评价学生的学习过程以及结果，而且要对小组之间以及小组内部各位成员的表现进行评价。在对各学习小组进行评价时，教师需要将重心放在整个小组任务的完成情况上，而不是放在某一小组成员的成绩上。同时，教师需要评价小组内成员参与的主动性、积极性，这样既可以为其他小组成员树立榜样，还可以激发小组成员的热情，调动学生学习的积极性，防止学生产生依赖，更好地实现合作学习。需要注意的是，教师应尽量给予学生积极向上的评价和鼓励，不要打击、批评他们，从而确保每个小组都能圆满完成学习任务，达到既定目标。

总体而言，英语翻转课堂教学不仅是对课前预习效果的强化，更是对课堂学习效率的提升。对于教师来说，通过课堂活动设计来使学生内化知识是教师的重要任务，也是英语翻转课堂教学的目的。对此，教师在设计课堂任务时应充分利用情境、写作、会话等要素，引导学生体验知识，实现知识的内化。

参 考 文 献

[1] 陈艳，负楠，张倩倩. 现代英语教学方法研究[M]. 广州：世界图书出版有限公司，2019.

[2] 冯华，李翠，罗果. 英语语言学与教学方法研究[M]. 长春：吉林人民出版社，2019.

[3] 冯建平. 新时代大学英语教学研究[M]. 长春：吉林大学出版社，2020.

[4] 黄芳. 新时代下高校英语阅读与词汇教学研究[M]. 长春：吉林人民出版社，2019.

[5] 李春兰. 跨文化交际理论应用于高校英语教学的实践研究[M]. 徐州：中国矿业大学出版社，2018.

[6] 李国金. 大学英语教学基础理论及改革探索[M]. 北京：北京理工大学出版社，2018.

[7] 李荣华，郭锋，高亚妮. 当代英语教学理论发展与实践研究[M]. 上海：上海交通大学出版社，2018.

[8] 李晓玲. 大学英语教学方法研究[M]. 西安：陕西科学技术出版社，2020.

[9] 蔺蕴洲，史雨红. 大学英语文化教学理论阐释及创新视角研究[M]. 长春：吉林大学出版社，2020.

[10] 刘爱华. 英语听力教学及测试研究[M]. 北京：中国商务出版社，2018.

[11] 刘然. 英语词汇教学方法与策略[M]. 北京：九州出版社，2018.

[12] 刘蕊. 大学英语教学的发展 思考与创新[M]. 北京：九州出版社，2019.

[13] 刘翊,许清然,嵩贺. 英语口语教学理论与实践[M]. 延吉:延边大学出版社,2019.

[14] 卢蓉. 新时期高校大学英语教学研究[M]. 咸阳:西北农林科技大学出版社,2017.

[15] 潘英慧. 基于微课的大学英语教学模式分析与研究[M]. 长春:吉林科学技术出版社,2020.

[16] 任文林,张雪娜,郑伟红. 新时期高校大学英语教学研究[M]. 成都:电子科技大学出版社,2017.

[17] 唐俊红. 互联网+英语教学[M]. 北京:新华出版社,2018.

[18] 王丹. 英语阅读教学理论与实践[M]. 北京:知识产权出版社,2018.

[19] 王二丽. 英语教学论[M]. 北京:新华出版社,2018.

[20] 王飞,贺文琴,胡倩倩. 新教学理念下的英语教学研究[M]. 西安:西北工业大学出版社,2020.

[21] 王磊. 高校英语教学转型发展研究[M]. 长春:吉林人民出版社,2019.

[22] 王婷婷,刘硕,魏纪福. 英语阅读与教学研究[M]. 广州:广东旅游出版社,2018.

[23] 吴秀英. 英语教学基础理论诠释及创新视角研究[M]. 长春:吉林大学出版社,2019.

[24] 许丽云,刘枫,尚利明. 大学英语教学的跨文化交际视角研究与创新发展[M]. 北京:中国商务出版社,2020.

[25] 杨朝娟. 英语网络课堂教学模式与方法研究[M]. 西安:西安交通大学出版社,2017.

[26] 张铭. 当代大学英语教学理论与研究[M]. 北京:九州出版社,2019.

[27] 赵娇娇. 文学视阈下的英语教学研究[M]. 北京:中国经济出版社,

2020.

[28] 钟丽霞，任泓璇. 翻转课堂模式下的大学英语教学改革及创新优化[M]. 长春：吉林大学出版社，2019.

[29] 周保群. 大学英语教学模式与课程建设研究[M]. 重庆：重庆大学出版社，2020.

[30] 朱飞. 大学英语教学中的翻转课堂[M]. 长春：吉林大学出版社，2020.

[31] 朱金燕. 大学英语教学改革探索[M]. 武汉：中国地质大学出版社，2018.